Giuseppe Bonaccorso

Il dispiegarsi del tempo psicologico

Tempo tra esistenzialismo e neo-umanesimo consapevole

2013

http://bonaccorso.org

ISBN: 978-1-291-52926-5

Sommario

"C'è un tempo per nascere e un tempo per morire,
un tempo per piantare e un tempo per sradicare
   quel che si è piantato.
Un tempo per uccidere e un tempo per curare,
un tempo per demolire e un tempo per costruire.
Un tempo per piangere e un tempo per ridere,
un tempo per fare lutto e un tempo per danzare.
Un tempo per gettare sassi e un tempo per raccoglierli,
un tempo per abbracciare e un tempo per astenersi
   dagli abbracci.
Un tempo per cercare e un tempo per perdere,
un tempo per conservare e un tempo per buttar via.
Un tempo per strappare e un tempo per cucire,
un tempo per tacere e un tempo per parlare.
Un tempo per amare e un tempo per odiare,
un tempo per la guerra e un tempo per la pace.
Che guadagno ha chi si dà fare con la fatica?"
(Qoèlet, 3, 2-9)[1]

"Erano ai tempi di Kronos, quand'egli regnava nel cielo;
come dei vivevano, senza affanni nel cuore,
lungi e al riparo da pene e miseria, né triste
vecchiaia arrivava, ma sempre ugualmente forti di
gambe e di braccia,
nei conviti gioivano, lontano da tutti i malanni"
(Esiodo, Le opere e i giorni)[2]

1. Introduzione

Accingersi a parlare del tempo è un'impresa ardua per almeno due ragioni: il concetto, nelle sue diverse accezioni, è di per sé sfuggente per la sua natura polivalente e, a complicare ancora di più l'impresa, si aggiungono anche i differenti approcci che le scienze naturali e la filosofia hanno da sempre cercato di sviluppare per definire in modo completo ed esaustivo questa onnipresente entità.

---

[1] AA.VV., *La Bibbia di Gerusalemme*, EDB
[2] Esiodo, *Opere*, Mondadori

Il pensatore moderno è pertanto spinto di fronte ad un dedalo di strade che s'intrecciano come fili di una tela solo apparentemente omogenea, ma che, ad un'analisi più particolareggiata, rivela ben presto un incomprensibile ordito dove il fine tracciato è perso prima ancora di iniziare l'opera di tessitura.

Ciò che tuttavia possiamo iniziare ad affermare con una certa sicurezza è che, sia l'uomo "fisico"[3], sia il suo corrispettivo co-esistente ed inseparabile "psicologico"[4], percepiscono e definiscono il "tempo" e non riescono in alcun modo a farne a meno per l'accettazione stessa della loro esistenza. Il tempo dunque è (esiste) ed indipendentemente dalle teorie fisiche, cosmologiche e percettive, la sua realtà non può essere così facilmente "affogata" in un concetto fisico-matematico la cui comprensibilità supera quella del banale ticchettare d'un orologio. La quadridimensionalità può spiegare la causa dell'effetto fisico, ma quest'ultimo, che è il tempo stesso, produce a sua volta una catena di azioni e reazioni che, con grande difficoltà, riescono ad essere giustificate dalla teoria madre.

Ecco quindi emergere la necessità di comprendere quale può essere l'impatto del tempo sulla percezione umana e quindi cercare di chiarire ciò che è illusorio (perciò ascrivibile a quella serie di fenomeni che teorie superiori possono considerare effetti di secondo livello) e ciò che, invece, ha una sua realtà ontologica la cui negazione non è molto diversa dall'evitamento che alcuni soggetti adottano di fronte a situazioni penose il cui impatti emotivo è troppo forte per essere affrontato senza il rischio di destabilizzazione.

---

[3] Ovvero l'essere umano osservato e classificato dal punto di vista delle scienze fisico-naturali

[4] L'uomo osservato e studiato nella sua inscindibile interezza dalla filosofia dell'essere e della psicologia

Intorno al concetto di tempo è possibile intraprendere discussioni i cui punti di partenza, così come quelli di arrivo, possono differire enormemente: la strada che io cercherò di percorrere in questa sede, tuttavia, scaturirà da un approccio (quasi) prettamente fenomenologico che comunque non disconosce la realtà fisico-matematica ma, al contrario, la considera come una base esplicativa per pervenire al senso ultimo dei fenomeni in oggetto.

Non sarà neanche obiettivo della trattazione cercare di definire quale sia l'unità costitutiva del tempo: esso viene percepito ad un livello strutturale intrinsecamente *"atomico"* e tale sarà la base ove le considerazioni prenderanno corpo. Seppur esistano, infatti, diverse concezioni del tempo che ne qualificano la forma e la sostanza attraverso un procedimento antropocentrico, in questa trattazione, cercherò di non dimenticare l'esistenza (certamente teorica) di un tempo che è necessario affinché le teorie fisiche possano avere un fondamento. Parimenti, in quanto esseri almeno parzialmente biologici, non siamo neanche, con troppa leggerezza, autorizzati a disconoscere il tempo fisico che si manifesta costantemente attraverso la degenerazione cellulare e, quindi, l'invecchiamento del corpo materiale (*Körper*).

Sarà quindi mio obiettivo quello di non cadere nella "trappola" fin troppo seducente del riduzionismo, soluzione che precluderebbe ogni possibilità di spiegazione in quanto porrebbe le condizioni fisico-naturali come unica via per giungere ad un significato condiviso. Ma non desidero neanche accettare spiegazioni dall'alto valore "poetico" ma troppo distanti sia dalla realtà fisica (che, ovviamente, considerano la loro antitesi), che da quella puramente fenomenologica, condizione questa che, da fulcro centrale del problema, diventa la base di un approccio spiccatamente ermeneutico dove l'uomo in quanto tale perde pian piano il suo ruolo centrale di *pivot*.

Un ulteriore elemento che mi ha spinto verso un'analisi comparata scaturisce dalla comune tendenza di parlare del *"tempo"* e di utilizzare questo sostantivo in modo indiscriminato. Ciò presuppone due possibili condizioni la cui verità non è dimostrata né per l'una, né per l'altra: la prima è che esista uno e un solo *"tempo"*, ovvero che, ontologicamente parlando, l'ente temporale rilevato da qualsiasi soggetto non è altro che una manifestazione di un unico *essere-tempo* che "sovrasta" il molteplice legato alla soggettività. La seconda, d'altro canto, è che i diversi enti-tempo, pur appartenendo a differenti esseri-tempo, possiedono una "sovrapponibilità" strutturale (anche se non identica) che permette ai diversi soggetti di pensare in modo esclusivo ad ogni singola manifestazione del molteplice.

Entrambe le ipotesi presentano un carattere di aleatorietà che non permette di operare una concreta astrazione dal contesto puramente soggettivo per giungere ad una formulazione di tipo più generale. Tuttavia, la seconda opzione è forse quella che maggiormente si accorda alla tendenza di unificazione, *itinerarium mentis in unum,* che nella trascendenza più completa dovrebbe permettere di giungere alla più "semplice" comprensione della molteplicità fenomenologica della vita e della natura.

Per queste ragioni, non mi cristallizzerò in una posizione che, *ipso facto*, esclude le altre, ma cercherò piuttosto di valutare i diversi volti del tempo così come l'uomo, nella sua quotidianità, li percepisce; ciò esclude a priori il materialismo e l'idealismo, e si dirige a passo svelto verso la più concreta delle "attualità aut-entiche", riferite cioè alla concretezza dell'essere in quanto tale. Un essere che, non soltanto percepisce il "suo tempo", ma lo qualifica attribuendogli quel carattere unico che allontana l'analisi dal raggiungimento di un punto d'osservazione privilegiato. Come infatti fa notare Borgna[5]:

---

[5] E. Borgna, *Noi siamo un colloquio*, Feltrinelli

Le lancette dell'orologio scandiscono un tempo *uguale* per ciascuno di noi: al di là delle condizioni interne ed esterne; ma i modi soggettivi (interiori), con cui ciascuno di noi percepisce il trascorrere del tempo, cambiano, appunto, radicalmente: nella misura in cui siamo addolorati e tristi, o lieti e sereni. Un'ora di tempo geometrico (di tempo obiettivo), quando siamo addolorati o stanchi, è lenta nel suo cammino: *non* passa mai, si inerzializza e sembra impantanarsi (sembra arrestarsi); quando siamo lieti, o quando siamo interessati a qualcosa (quando viviamo un'esperienza intensa e significativa), il tempo allora corre veloce, talora galoppa addirittura, e un'ora di tempo obiettivo si consuma e si brucia come se si trattasse *non* di un'ora *ma* di un tempo molto più breve.

Questa apparente egemonia della soggettività non deve comunque far credere che i caratteri "fisici" del tempo smettano di valere quando questo è applicato all'ambito umano. Cadere in quella che appare e si comporta come una vera e propria trappola, significa spostare la potenzialità di un fenomeno nell'ambito applicativo di un'intenzionalità volontaria caratteristica dell'uomo.

Così come un seme si sviluppa in una piccola pianticella e questa, mese dopo mese, in un albero sempre più robusto, anche l'uomo "evolve" parzialmente in modo indipendente dalla propria volontà (ma relativamente omogeneo ed isomorfo alla sua totalità), e ciò non può che designare un tempo ineludibile che è parte integrante dell'*essere-nel-mondo*. Prima ancora che esistenziale, infatti, la realtà dell'invecchiamento è un processo biochimico che nessuna forma di attività cosciente (al di fuori dei buoni costumi per conservarsi in salute) può arrestare o rallentare *ad libitum* attraverso la sintesi e l'acquisizione di qualsivoglia elisir di eterna giovinezza.

Alla stessa maniera, l'uomo non può rifiutarsi di prendere atto che il proprio essere non è l'essere che la fisica si pone come obiettivo di analizzare, a meno di non auto-considerarsi (e quindi rendersi virtualmente) un cadavere, ovvero un corpo privo di vita che l'anatomista può studiare così come si avvicina ad un sasso o ad un fungo.

Questo *(pseudo-)*dualismo, che Cartesio prima spezzò in *res cogitans* e *res extensa* e successivamente, per ragioni di necessità empirica, riunificò nella ghiandola pineale (ipotesi alquanto arbitraria e fantasiosa)[6], per quanto sfugga alla separazione che alcune scuole di pensiero vorrebbero operare senza alcuno scrupolo, rimane pur sempre una base logico-razionale per prendere atto che l'uomo, quasi fosse nella sua più intima natura un Giano bifronte, duale ma unico, ovvero un essere che vive appunto la sua *in-dividualitas*, non può essere osservato da una sola angolazione senza che l'esperimento venga inficiato irreversibilmente dalla mancanza del punto di vista escluso dall'indagine.

Non si può quindi pensare che un'analisi settoriale fornisca informazioni esatte sul particolare ambito poiché nell'uomo, così come accade nella fisica quantistica, un aspetto (materiale o "animico-spirituale") implica l'altro in modo da impedire qualsiasi isolamento utile. Solo attraverso un approccio con-giunto è possibile pervenire ad una visione che, per quanto spesso decisamente miope, fornisce

---

[6] Come fa giustamente notare Galimberti nel suo saggio "Il corpo" (*Ibidem*):

> Dimentichi dell'esperienza corporea, Cartesio, Malebranche, Leibniz hanno dovuto inventare rispettivamente la ghiandola pineale, la coincidenza occasionale, l'armonia prestabilita per spiegare quell'operazione magica per cui la rappresentazione coscienziale di un movimento suscita nel corpo il movimento. Il problema si risolve senza artifici se si rinuncia a concepire il corpo come meccanismo in sé, e la coscienza come quell'essere per sé che nell'isolamento della sua autonomia impartisce ordini, e, invece di partire dalla coscienza, che riduce il corpo a oggetto tra gli oggetti, si parte dal corpo come da quel veicolo che introduce al mondo, perché al mondo è originariamente dischiuso.

comunque una struttura d'insieme realisticamente accettabile e, soprattutto, priva di quelle trappole concettuali ove troppo spesso le teorie naufragano senza alcuna possibilità di salvezza.

Anche nel caso del tempo, la scelta di prendere in esame diverse implicazioni non deve comunque avere come diretta conseguenza quella di pensare che la fisicità sia un aspetto indipendente nel suo manifestarsi, dalla "spiritualità" dell'uomo; così come, attraverso il tempo dell'anima, possiamo "constatare" una determinata forma di trascendenza, non siamo tuttavia in alcun modo autorizzati a concepire tale stato se non come una conseguenza indiretta dell'esistenza ineludibile del tempo fisico, il quale, come il battito del cuore, conferma continuamente che l'individuo è ancora biologicamente (e quindi, auspicabilmente anche in modo cosciente) vivo.

Resta comunque aperto il problema della soggettività che porta ad una variazione sostanziale nel modo in cui il tempo viene osservato come fluente: anzi, sembra proprio che, a parte i processi fisici (che sono studiati nella loro "incoscienza"), ogni altra manifestazione temporale venga fortemente filtrata dal soggetto in esame e appaia all'osservatore come un fenomeno a sé stante. Tale considerazione non dovrebbe comunque portare a pensare che il tempo "umano" esista solo in una forma legata irreversibilmente alla soggettività (e che quindi sia impossibile trovare una valida generalizzazione), ma che piuttosto l'oggetto di indagine deve essere non il "tempo" in quanto tale ma la modalità con cui esso prende forma nel soggetto.

Per fare ciò, e per capire quali processi di contrazione e dilatazione hanno portato alla particolar percezione in esame, così come descritto mirabilmente da Borgna[7], è comunque indispensabile prendere atto che uno scostamento dal "tempo geometrico" (o, "fisico", così come

---

[7] *Ibidem*

definito in questa sede) non avviene se non si presuppone un riferimento invariante che, appunto, per sua intrinseca natura, scandisce l'evoluzione di processi che non risentono della soggettività. Il molteplice, quindi, non viene più colto come un magma da osservare da lontano, ma come il risultato di parecchi gradi di libertà di cui l'uomo dispone non soltanto per operare un filtraggio attivo della percezione temporale, ma anche e soprattutto, per porsi nei confronti del tempo come un attore dotato di una precisa intenzionalità, la cui sorte non è certamente paragonabile a quella di un albero o di un corso d'acqua.

D'altronde, rifacendoci alla "saggezza" mitologica, quando *Kronos* evirò suo padre *Urano*, dio dei Cieli, rese l'uomo, tramite un atto deliberato del "suo tempo", "schiavo" di *Gaia*, sua madre e dea della Terra.

Questo stato, doloroso e foriero di ricordi ben più appaganti, come narra lo stesso Esiodo[8], è la sintesi esistenziale della condizione umana che, a differenza delle forme di vita "inferiori", piange uno stato *pre-temporale*, quando ogni "presente" non era il solo e unico attimo ove l'uomo può ricongiungere la storia all'incertezza dell'avvenire. "Un'eredità", codesta, che, come vedremo andando avanti nella trattazione, non è mai morta nell'animo dell'uomo, il quale, al contrario, cerca sempre, attraverso l'uso costante dell'intenzionalità, di gettare le basi per il suo superamento.

Concludo quest'introduzione riportando una mia riflessione poetica (il cui titolo è "Notte"[9]) sulle diverse "metriche esistenziali" che l'uomo, talvolta senza neanche accorgersene ma spesso con piena intenzionalità, adotta costantemente nella valutazione della propria

---

[8] *Ibidem*
[9] G. Bonaccorso, *Infinita nigredo*, Lulu

esperienza temporale in rapporto a quella fornita dalle persone[10] con cui entra in un'incomunicabile e *"psico-drammatica"* relazione:

Notte.
Odorosi rimpianti.
Vagiti di tempeste immature.
Germogli.

E' ormai uguale
Il latrato dei cani.
Uguale.

Come te:
solo la sabbia
per chi si strugge di sete.

Come te:
solo il giorno che brucia
e il crepuscolo
che gelando imperversa.

Senza tregua,
realizzo che il male più grande
sarà la conoscenza
dell'ultima fine.

---

[10] La scelta del termine "persone", derivato diretto del greco *"prósōpon"* che rappresentava il volto di una maschera di scena, è, in questo caso più di ogni alto, voluta. Nell'interazione inter-individuale, soprattutto quando la relazionalità porta ad un confronto sulla percezione psicologica di una data realtà, è la persona-maschera a prendere il sopravvento per non permettere all'interpretazione di poter acquisire quell'autonomia oggettiva che indebolirebbe in modo irreversibile il proprio essere-attivo-di-fronte-all'altro. E' la persona a percepire il tempo (qualunque esso sia) e a recitare nel suo dispiegarsi la sua parte; parte che porrà enfasi, dilatandolo, o sorvolerà il suo manifestarsi con distrazione, rendendolo un fugace batter d'ali.

Uguale.
Sempre uguale.

Con te che ridi,
ed io che mi volto,
e torno
al mio viale d'autunno.

L'ultima fine, perché il tempo nasconde nelle sue maglie innumerevoli inizi e altrettanto innumerevoli conclusioni: una sequenza che, nel suo dispiegarsi assume in modo sempre più pregnante le fattezze dell'*ouroboros*[11], avvolto in se stesso non perché "vittima" del suo "ego-ismo" ma perché nello svolgersi dinamico del suo essere-nel-mondo, l'uomo-*ouroboros* vive incessantemente, osservando con gli occhi del principio, la fine di un frangente. Come vedremo nella sezione dedicata al tempo che non è più, esiste un'*ultima fine* che trascende il tempo psicologico, in quanto è simbolicamente quella coda così vicina da poter essere addentata senza alcuno sforzo, ma che tuttavia si trova, ormai, in un non-luogo atemporale ove lo sguardo non riesce più a posarsi.

2. Il tempo fisico

In questa sede, partirò dal presupposto teorico che esiste una forma di intuizione pura *a-priori* di un'entità chiamata *"tempo (fisico)"*, così come fece già Kant nella sua celeberrima *Critica della ragion pura*.

---

[11] L'ouroboros (dal greco "οὐροβόρος") è un simbolo alchemico-ermetico che rappresenta un serpente che si morde la coda e rappresenta in modo estremamente pregnante la legge dell'eterno ritorno e la ciclicità del tempo.

Tuttavia, tengo a precisare che non si tratta né di un *escamotage* "semplicistico", né tantomeno di una soluzione esaustiva ("spazializzata" e strutturata nella sequenza "passato", "presente" e "futuro" per "comporre" dinamicamente quello che Heidegger definì *"tempo in-aut-entico o volgare"*); pur tuttavia essa fornisce una base di partenza logicamente e naturalmente accettabile per spiegare fenomenologicamente ciò che può essere definito *"tempo fisico"* e, per tale ragione, la assumerò come una validissima osservazione preliminare in merito all'argomento in oggetto.

Qualsiasi esperienza esteriore, dall'osservazione dell'oscillazione di un pendolo, al contare i battiti del proprio cuore, presuppone implicitamente una persistenza in funzione di uno *"spazio percettivo"* che, per semplicità, è conveniente trattare in modo monodimensionale e che, a meno di rivoluzioni nella modalità di esperire la realtà, può essere considerato in perenne moto lineare uniforme ad una velocità ignota ma costante.

La suddetta condizione, per quanto abbastanza problematica, come sostiene lo stesso Kant, non è insita nella natura ma è esplicitamente richiesta dall'uomo (e probabilmente anche da altri animali superiori) per accedere al contenuto delle percezioni sensibili. Il filosofo tedesco, nel suo trattato[12], infatti, afferma:

> Il tempo non è altro che la forma del senso interno, cioè dell'intuizione di noi stessi e del nostro stato interno. Infatti, il tempo non può essere una determinazione di fenomeni esterni: non appartiene né alla figura, né al luogo, ecc.; determina, al contrario, il rapporto delle rappresentazioni nel nostro stato interno. E appunto perché questa intuizione interna non ha nessuna figura, noi cerchiamo di supplire a questo difetto con analogie, e rappresentiamo la serie temporale con una linea che si prolunghi all'infinito, nel quale il molteplice forma una serie avente una sola dimensione; e dalle proprietà di questa linea argomentiamo tutte quelle del tempo, fuorché

---

[12] I. Kant, *Critica della ragion pura*, Laterza

questa sola; che le parti della linea sono simultanee, laddove le parti del tempo sono successive.

Per cercare di definire in modo chiaro l'obiettivo da raggiungere, supponiamo che una pallina scivoli giù lungo un piano inclinato; all'inizio essa viene tenuta ferma in posizione di equilibrio nel punto più alto, l'osservatore la fissa, ne percepisce i contorni e realizza che tale oggetto è tecnicamente in grado di reagire alla forza di gravità data la sua massa e la sua posizione all'interno di un campo gravitazione.

Cosa dovrebbe accadere se viene meno il vincolo che blocca la pallina in cima al piano inclinato? Ovviamente tutti conoscono la risposta, ma supponiamo, con grande difficoltà, di non aver mai assistito né a questo esperimento, né ad altri assimilabili. Inoltre, per il momento, ammettiamo di non conoscere la legge di Newton che afferma che una forza imprime ad un grave un'accelerazione ad essa direttamente proporzionale[13].

La pallina, pertanto, potrebbe subire una strana sorte: non appena l'esperimento ha inizio essa potrebbe scomparire del tutto o rimanere immobile nella sua posizione; il primo caso viene *de facto* eliminato dall'intuizione kantiana del tempo (senza dover necessariamente trovare tutti gli attributi di tale ente): grazie ad essa, infatti, possiamo essere certi che, a meno di cause fenomeniche evidenti, la nostra percezione non può avere discontinuità e pertanto la pallina non può disintegrarsi a scomparire in modo misterioso. Essa tuttavia potrebbe restare immobile nella sua posizione e noi, ancora ignari della realtà, saremmo costretti ad osservarla indefinitamente senza mai comprendere cosa dovrebbe o potrebbe accaderle.

---

[13] Ovvero, F=ma dove m è la massa del grave e sia "F" che "a" sono vettori reali tempo-dipendenti

Supponiamo inoltre che mentre osserviamo la pallina immobile, attraverso uno stetoscopio, iniziamo ad auscultare il nostro battito cardiaco: ogni volta che l'orecchio ci informa dell'avvenuta contrazione del cuore, contiamo progressivamente in una sequenza di numeri naturali[14]. E' spontaneo, a questo punto, constatare che la pallina permane in un particolare stato fenomenico a fronte di una scansione crescente e che quindi il fenomeno di osservazione di essa è definibile come subordinato ad una variabile ignota la cui modificazione attesta la permanenza stessa.

La condizione di osservazione del battito è, di fatto, un esperimento deducibile direttamente dall'intuizione kantiana per la quale il tempo viene intuito in modo isomorfo ad una successione numerica (per Kant, il suo fondamento era appunto l'aritmetica). Ciò che è meno ovvio, pur restando in un ambito ove la certezza dovrebbe morire solo alla fine dei *tempi*, è che cosa realmente sia l'entità *"pallina"* in funzione di questa variabile che ormai possiamo battezzare come *"tempo fisico"*.

Sia la fisica classica che la meccanica razionale considerano il tempo come un concetto primitivo: esso compare principalmente come variabile reale indipendente all'interno di leggi riconducibili alla forma: $y=f(t)$ dove t può assumere qualsiasi valore numerico reale. Risulta pertanto evidente come la matematica, nella sua potenza di

---

[14] A questo punto chiedo al lettore un'ulteriore sforzo mentale per supporre che tali battiti avvengano in modo "inspiegabile" e che nulla ci può garantire che ad una sistole corrisponderà una diastole. In questo clima di totale incertezza, l'attesa non deve essere considerata come una condizione necessaria, ma soltanto come un fenomeno la cui conoscenza si completa al sopraggiungere di un nuovo battito. In questa maniera, non eccessivamente ortodossa, possiamo "detemporalizzare" l'osservazione, rendendola soltanto un fenomeno mentale di natura auditiva con caratteristiche *"impulsive"* (cioè prive di permanenza temporale).

astrazione, metta l'uomo nelle condizioni di definire funzioni del tempo a patto che quest'ultimo rimanga "dominato" dalla volontà umana. A tal proposito il fisico Bridgman[15] afferma:

> Che cos'è questo tempo che noi ci proponiamo di misurare? E' evidente che non abbiamo a che fare con un aspetto di un oggetto o di qualche sorta di "cosa", bensì con un aspetto di eventi. Per cominciare possiamo dire che misuriamo il tempo con orologi... Il tempo della fisica è essenzialmente il tempo degli orologi, che a sua volta è il tempo delle equazioni della fisica. Quando si chiede al fisico di definire il tempo, egli potrebbe rispondere: "Adopero la parola 'tempo' quando ho a che fare con quegli aspetti temporali di una situazione che si possono descrivere con misurazioni per mezzo di orologi". I numeri ottenuti con orologi, possono, com'è noto, venir trattati matematicamente allo stesso modo di qualsiasi altro numero... Ma si deve notare che i numeri ottenuti per mezzo di operazioni con orologi non sono in grado di descrivere tutti gli aspetti dell'esperienza che il senso comune riunisce sotto il termine "temporale". Il tempo dell'esperienza è irreversibile e irrecuperabile: non possiamo riprodurre l'ora di ieri per riesaminarla oggi, anche se l'orologio segna la stessa ora.

In altre parole, il tempo fisico gode di un "trattamento" matematico che è normalmente riservato a quelle grandezze per le quale esiste un isomorfismo tra valore teorico e rilevazione oggettiva. Ad esempio, una lunghezza può essere rappresentata con una variabile reale poiché questa può assumere qualsiasi valore compreso tra $-\infty$ e $+\infty$ e, a meno di non richiedere una verifica puntuale, è sempre possibile misurare una distanza il cui valore numerico eguaglia quello dell'equazione[16].

---

[15] P.W. Bridgman, *La critica operazionale della scienza*, Boringhieri

[16] Se un'incognita dovesse assumere un valore irrazionale, questi non sarebbe misurabile a meno di non approssimarlo. Un esempio del genere venne discusso da Pitagora nel caso della radice quadrata di due. Se si considera, infatti, un quadrato di lato unitario, prendendo quest'ultimo come unità di misura, la diagonale (uguale appunto alla radice quadrata di 2) sarà incommensurabile. Stesso problema si avrebbe invertendo il procedimento e

Per il tempo, come fa notare anche lo stesso Bridgman, la situazione è ben diversa: per ragioni di coerenza e semplicità, esso viene rappresentato così come molte altre grandezze, seppur il suo comportamento sia estremamente diverso.

Tornando al nostro esempio e all'ultima considerazione, possiamo affermare che l'entità *"pallina"* in funzione del tempo fisico basi la sua esistenza su un invariante, ovvero una sua caratteristica che, almeno macroscopicamente, non è influenzabile dal tempo. In termini matematici, possiamo dire che la *"pallina"* esiste stabilmente perché esistono caratteristiche nelle cui descrizioni matematiche non comparirà la variabile reale tempo.

In realtà, in natura non esistono siffatte entità poiché tutto è soggetto all'azione deteriorante del tempo, tuttavia, considerando che la durata della vita umana e delle relative osservazioni è decisamente più breve rispetto ai tempi in esame, è possibile assumere come persistenti alcuni aspetti della realtà che osserviamo.

Questo *essere-adesso* in quanto *già-stato* e predisposto ad *essere-ancora* è la sintesi fenomenologica della condizione fisica che rende il mondo fuori da noi una realtà costante seppur soggetta a forze di varia natura.

Appurato, quindi, che l'utilizzo della variabile reale "tempo" è una condizione necessaria per poter modellare i processi fisici, resta da comprendere qual è l'intima natura del "moto" che la fisica deve necessariamente riconoscere al tempo per non cadere nel tranello di poter trattare la realtà sulla base delle "licenze" che la matematica ha permesso di adottare nella teoria.

---

scegliendo la diagonale come unità di misura. La scoperta dei numeri irrazionali, non esprimibili, cioè, come rapporto di numeri interi e quindi con un numero illimitato di cifre decimali, ha iniziato a permettere al matematico di avvicinare il suo campo d'azione al dominio "ineffabile" dell'infinito.

A definire in modo molto più chiaro il senso reale del tempo fisico è stato certamente il secondo principio della termodinamica nella sua formulazione basata sul concetto di entropia. Tralasciando, per il momento, la definizione di questa grandezza, possiamo dire, concordemente al secondo principio, che *"l'entropia dell'universo è in perenne aumento e, soltanto nei processi reversibili, rimane costante"*. Ciò si traduce nella definizione del concetto di *"freccia del tempo"*, ovvero nella presa di coscienza che l'universo intero evolve spontaneamente verso uno stato predeterminato e che il tempo è soltanto una misura della distanza da tale stato. Citando Tipler[17]:

> L'esperienza e l'intuizione dicono che l'inverso non accadrà: il moto disordinato delle molecole non si trasformerà mai spontaneamente in moto ordinato. Quindi la variazione d'entropia è un aumento del moto disordinato delle molecole dell'universo. Quando l'entropia dell'universo raggiunge il suo valore massimo, non sono possibili altri processi (tranne i processi assolutamente reversibili). Il calore non sarà più trasmesso per condizione perché l'intero universo sarà alla stessa temperatura. Non ci sarà più energia disponibile per compiere lavoro.

Il secondo principio della termodinamica non è mai stato confutato e definisce in modo inequivocabile il senso fisico del tempo e la sua inarrestabilità; vedremo, tuttavia, come gli organismi viventi e, in particolare, l'uomo si comportino in modo da attuare processi interni che tendono ad invertire la freccia del tempo, creando cioè ordine a partire dalla spontanea tendenza al disordine, concetto, quest'ultimo, strettamente correlato con quello di entropia.

In questa sede non intendo entrare nel merito di una definizione formale per la quale rimando a qualsiasi testo di termodinamica, ma ci tengo a fornire un esempio che può servire per rafforzare

---

[17] P.A. Tipler, *Fisica 1*, Zanichelli

maggiormente l'idea di "*moto del tempo*" inteso come un fenomeno percepibile attraverso le innumerevoli osservazioni che ogni individuo è costretto a fare durante la normale attività quotidiana.

Per non utilizzare strumenti matematici di non immediata comprensione, supporrò di avere a che fare con un'astrazione fisica denominata *termostato*: esso non è altro che un corpo in grado di cedere o acquisire calore senza mutare la sua temperatura (in quanto la sua capacità termica è supposta infinita); nella realtà non esistono termostati ma i ragionamenti non perdono comunque di validità.

Nel caso di un termostato che lavora alla temperatura T e scambia un quantità di calore pari a Q, l'entropia (normalmente indicata con la lettera S) è pari a: $S=Q/T$.

Se il calore è ceduto, la variazione sarà negativa, mentre se è acquisito sarà positiva. Pertanto, se ne deduce che l'entropia sarà tanto più alta quanto maggiore sarà il calore scambiato e quanto più bassa è la temperatura del termostato. In particolare, quest'ultima condizione è particolarmente significativa: considerando che la naturale tendenza evolutiva dell'universo porta al suo progressivo raffreddamento, ciò implica, ancora una volta, che l'entropia tenderà inesorabilmente ad aumentare e l'energia sarà degradata al punto da non permettere più la ricostituzione dell'ordine iniziale.

Se supponiamo che esistano due termostati a differenti temperature, il primo "caldo" a temperatura Tc (ad esempio, l'atmosfera terrestre) e il secondo "freddo" a temperatura Tf (ad esempio, un oceano), spontaneamente avverrà uno scambio di calore dal termostato caldo a quello freddo. Senza entrare nel merito del processo termodinamico, a seguito della scambio, la variazione di entropia sarà pari alla differenza: $\Delta S=Sf-Sc$ e considerando che il termostato freddo acquisisce calore (e pertanto la sua entropia aumenta), mentre quello caldo lo cede (e quindi la sua entropia diminuisce), la suddetta differenza sarà sempre maggiore o uguale a zero.

Quest'ultimo caso, puramente teorico, si verifica soltanto nel caso di trasformazioni reversibili, ma considerando che nella realtà le trasformazioni sono sempre irreversibili, se ne può dedurre che la variazione di entropia è sempre positiva e quindi che l'entropia dell'universo (che è per definizione un sistema chiuso) tenderà inesorabilmente ad aumentare (Figura 1).

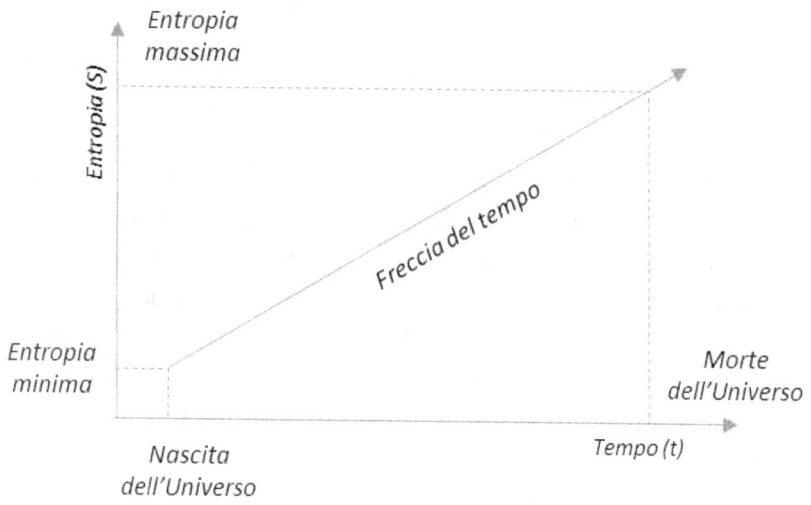

Figura 1 - Rappresentazione grafica della freccia del tempo termodinamica

Adesso penso sia più chiara anche la ragione della definizione di "*freccia del tempo*": il processo esemplificato, seppur teorico, avviene in modo spontaneo e non è possibile arrestarlo a meno di un raggiungere lo stato di equilibrio termodinamico; la sua direzione è determinata e lo svolgersi del processo è irreversibile.

Il tempo, normalmente espresso come variabile reale indipendente, non può, nella realtà, assumere qualsiasi valore: esso procede

22

incrementandosi progressivamente e concordemente ad esso procede anche lo stato di "utilizzabilità" dell'energia dell'universo. Man mano che l'entropia aumenta, la temperatura si abbassa e l'energia viene degradata: ciò guida il sistema verso la sua morte, l'equilibrio termodinamico.

In corrispondenza dello stato "finale" di equilibrio, l'universo è energeticamente inerte e quindi nessun altro processo che richiede scambi energetici può più verificarsi. Pertanto, il "movimento" verso questo stato, lungi dal rappresentare la condizione favorevole cha la parola "equilibrio" spesso suscita nell'uomo, è invece sintomatico del raggiungimento di un sempre maggior livello di disordine all'interno di un sistema chiuso. Citando a tal proposito il premio Nobel per la fisica Erwin Schrödinger[18]:

Molto più importante è per noi ora il collegare ad essa (NdA: l'entropia) il concetto statistico di ordine e di disordine, connessione questa che fu messa in chiaro dalle ricerche di Boltzmann e Gibbs sulla fisica statistica...

...Il disordine che essa (NdA: l'entropia) misura è in parte quello dell'agitazione termica, in parte quello che deriva dall'esser mescolate a caso differenti specie di atomi e molecole, invece di essere naturalmente separate, per esempio le molecole di zucchero e di acqua nell'esempio precedente. (NdA: l'autore presenta un esempio in cui una certa quantità di zucchero viene disciolta in una determinata quantità di acqua. Inizialmente lo zucchero è separato dall'acqua e ciò implica un notevole livello di ordine – bassa entropia; dopo il dissolvimento, acqua e zucchero, a seguito del notevole livello di disordine indotto dal processo, acquistano un carattere "unitario" e l'entropia complessiva cresce considerevolmente) ...Il graduale "diffondersi" dello zucchero in tutta l'acqua disponibile aumento il disordine D e quindi... ...l'entropia.

Un sistema isolato o un sistema in un ambiente uniforme (che per le considerazioni presenti è meglio includere nel sistema stesso che si considera, quale parte di esso) aumenta la sua entropia e più o meno rapidamente

---

[18] E. Schrödinger, *Che cos'è la vita?,* Adelphi

raggiunge lo stato inerte di entropia massima. Riconosciamo così che questa legge fondamentale della fisica rappresenta esattamente la naturale tendenza delle cose a raggiungere lo stato caotico, a meno che noi non ci opponiamo ad essa.

Il secondo principio della termodinamica, con la più acuta perentorietà, sancisce quindi che non esistono strategie "globali" di salvezza dal raggiungimento di questo stato inerte: nel momento in cui l'energia non potrà più essere scambiata, ogni altro processo si arresterà e, ovviamente, anche la vita, in qualsiasi sua forma, smetterà conseguentemente di esistere.

Possiamo, quindi, concludere dicendo che l'essere umano, essendo parte dell'universo, è sottoposto all'azione fisica del tempo che, considerato come elemento di decodifica dello svolgersi delle percezioni, svela (non potendo celare la realtà così come accade per gli animali inferiori) anche la costante direzione di evoluzione del sistema "*universo*".

Neanche i processi mentali possono prescindere dal tempo fisico: esso viene "assorbito" dai nostri sensi e qualsiasi tentativo di eluderlo è di per sé fallimentare, perché significherebbe tentare ancora una volta la separazione cartesiana per poi, inevitabilmente, assistere al suo rinnovato fallimento.

Pur tuttavia, vedremo come l'uomo, attraverso una caratteristica intrinseca al suo corpo vivente (*Leib*), sia in grado di gestire la propria vita interiore (da non intendersi come qualcosa di opposto alla vita sociale ma piuttosto come la naturale "*essenza*" del suo *essere-nel-mondo*[19]) in modo da attuare processi che, almeno localmente,

---

[19] Il concetto di "*essere-nel-mondo*" venne formulato da Heidegger nel suo trattato più famoso: *Essere e tempo*. Esso designa la costituzione fondamentale "dell'esserci". Citando direttamente Heidegger (*Essere e tempo*, Mondadori):

riescano a contrastare l'azione degradante del tempo per indurre un ordine e una strutturazione normalmente soggetta alla progressiva dissoluzione.

3. Il tempo psicologico

Il tempo fisico è una condizione che potremmo definire di "passività" da parte dei soggetti percipienti e che lo stesso Nietzsche[20], con la sua straordinaria capacità descrittiva, associa al profondissimo malessere esistenziale dell'uomo non ancora "liberato":

> Volere libera: ma come si chiama quello che mette in catene il liberatore?
> 'Così fu': così si chiama il digrignare di denti del volere e la sua più solitaria tristezza. Impotente nei confronti di ciò che è compiuto, esso è un cattivo spettatore di tutto il passato.
> Il volere non può lavorare a ritroso; il fatto di non poter spezzare il tempo e il desiderio del tempo: questa è la tristezza più solitaria del volere.

Il fluire del tempo è il prezzo da pagare per trascorre una vita da esseri coscienti: il moto, l'attesa e, per certi versi, perfino il sonno (nella misura in cui esso viene identificato a partire dai momenti di veglia antecedenti e conseguenti), vengono continuamente confrontati con

---

L'esserci è un ente che, comprendendo se stesso nel suo essere, a tale essere si tiene in rapporto. Con ciò è data l'indicazione formale del concetto di esistenza. L'esserci esiste. L'esserci è inoltre un ente che via via io stesso sono. All'esserci esistente appartiene l'esser-via-via-sempre-mio quale condizione della possibilità di autenticità e inautenticità. L'esserci esiste via via in uno di questi modi, oppure nell'indifferenza modale rispetto ad essi.

[20] F. Nietzsche, *Così parlo Zarathustra*, Giunti

un residuo temporale che tende ad assottigliarsi, sia all'interno di "compartimenti stagni", sia nell'arco dell'intera esistenza in vita.

Supporre che l'uomo non risenta del tempo fisico è pertanto un'assunzione alquanto fallace: la biologia, indipendentemente dalla tesi riduzionistiche, sta alla base del funzionamento dell'intero organismo e fenomeni come la degenerazione cellulare, l'ossidazione, la progressiva morte dei neuroni, determinano condizioni di riduzione delle funzionalità sino a favorire l'insorgere di svariate patologie e, in ultimo, della stessa morte.

L'uomo acquisisce la coscienza della caducità del proprio organismo sin dai primi anni di vita, quando osserva le cicatrici lasciate dalle ferite di gioco e si rende conto che il corpo fisico, per quanto sia in grado di auto-riparare i piccoli danni, non tornerà mai lo stesso di prima. Pur tuttavia, anche se l'uomo tende a sfuggire dalla presa di coscienza della sua finitezza, non è comunque possibile giustificare il tentativo di evadere la fisicità. La stanchezza che si prova dopo un lavoro faticoso, la riduzione della necessità di sonno, la diversa reazione ai più banali malanni, sono elementi sintomatici che non nascondono affatto il progredire di un'evoluzione la cui direzionalità è stabilita in modo inesorabile dalla freccia del tempo entropica.

Questa consapevolezza, nei casi non psicopatologici, non manifesta tuttavia un effetto depressivo con la conseguente "cattura" del soggetto all'interno di un labirinto costruito esclusivamente con il tempo fisico. Anzi, ciò che quotidianamente caratterizza la vita dell'uomo è il costante sforzo per cercare di "invertire" la freccia del tempo entropica attraverso l'attuazione di processi orientati a ridurre il disordine dovuto al disfacimento del corpo fisico.

A questo punto, chiamerò *tempo psicologico* l'analogo funzionale del tempo fisico, caratteristico dell'evoluzione delle trasformazioni termodinamiche. Ma quali sono le peculiarità di questa tipologia di temporalità caratteristica esclusiva degli organismi viventi e, in particolare, dell'uomo?

Se il tempo fisico può essere caratterizzato da un moto a velocità (in termini di modulo, direzione e verso)[21] costante, il tempo psicologico mantiene sempre un moto lineare (a direzione costante), ma in questo caso la sua velocità può variare in termini di modulo[22] e verso.

Risulta quindi evidente che, al contrario del tempo fisico, il tempo psicologico non è meramente subìto, ma, opportunamente gestito, può permettere all'uomo di trascendere la pura materialità e vivere in

---

[21] Essendo la velocità una grandezza vettoriale, essa deve essere rappresentata attraverso tre differenti informazioni: il modulo che rappresenta l'intensità assoluta (ad esempio, la velocità che normalmente leggiamo sul tachimetro di un'automobile), la direzione (rappresentabile con un segmento nello spazio) e il verso che stabilisce se, fissato un punto origine sulla retta avente la direzione del moto, ci si sposta allontanandosi in una o nell'altra semiretta.

[22] Particolarmente significative sono, a tal proposito, le parole di Borgna nel suo saggio "Noi siamo un colloquio" (*Ibidem*):

L'esperienza schizofrenica del tempo, come testimoniano le autodescrizioni […] nella luce disperata e nella sofferenza lacerante che sono in essa, è contrassegnata, insomma, da questo arenarsi del tempo in un qui-e-ora pietrificato, da questo incenerirsi di ogni autentica progettazione *nel* futuro, da questa dissociazione dell'orizzonte temporale: nel quale sopravvive la dimensione agostiniana del presente: risucchiato dal passato, o galleggiante in un'isola immobile.

E più avanti, riferendosi alle tossicomanie:

L'esperienza del tempo, dunque: "In quelle notti accadeva poi un fatto sorprendente. Quando ti trovi nella fase ascensionale della cocaina non hai assolutamente percezione del tempo. Il mondo ti si apre con una chiarezza cristallina e tutte le cose sembrano rivelare un loro particolare segreto.

ambito dove la pro-gettualità aiuta a contrastare il naturale disordine che caratterizza l'evoluzione di qualsiasi sistema incapace di comportarsi come gli organismi viventi più evoluti.

Tuttavia, a questo punto, penso che sia più che indispensabile fare una precisazione: i concetti qui trattati sono stati osservati e studiati nell'ambito di processi biologici non necessariamente così evoluti da coinvolgere la sfera "psichica" (qualora di ciò si possa parlare). In questa sede, considerando la volontà di trattare una tematica ben precisa, mi baserò comunque sulla condizione di consapevolezza che porta l'uomo ad attuare particolari processi in modo intenzionale o subire le conseguenze della rinuncia ad essi nei casi di psicopatologia.

E' utile comunque ricordare che anche i processi metabolici possono essere assimilati alle categorie che qui verranno trattate; la ragione, come vedremo, è che il fine, seppur solo parzialmente intenzionale, è quello di "utilizzare" l'ordine esterno per contrastare il disordine interno.

Iniziamo quindi con l'illustrare il perché il tempo psicologico può invertire il suo verso (rispetto a quello fisico).

Innanzi tutto la suddetta espressione è intrinsecamente errata: il tempo psicologico è infatti una modalità dell'essere e non ha certo alcun poter di auto-determinare le sue caratteristiche: è sempre e solo il soggetto (l'individuo), in modo più o meno autonomo, ad indurre la variazione del suo verso e del suo modulo. Per questa ragione, da questo momento in poi, seppur alcune circostanze linguistiche potrebbero preferire la forma sopra riportata, il senso sarà sempre quello appena chiarito.

La prima obiezione che potrebbe essere sollevata nasce dall'analogia con il tempo fisico: indipendentemente da come li si intendano, passato, presente e futuro permangono in una successione ordinata che definisce i nomi delle sue tre componenti. Il passato non è "passato" ma, al contrario, ciò che nella successione precede il presente viene chiamato "passato" e ciò che lo succede "futuro". Com'è possibile, quindi, pensare di poter invertire una siffatta sequenza?

La risposta nasce, innanzi tutto, dalla considerazione preliminare che il tempo psicologico, seppur abbia la stessa radice linguistica, non è assimilabile al tempo fisico. Per ragioni di confrontabilità, alcuni concetti nati dall'analisi di quest'ultimo verranno applicati anche al suo corrispettivo psicologico, ma ciò non implica in alcun modo che esista un'analogia strutturale tra i due.

Ponendoci esattamente agli antipodi rispetto al tempo fisico, possiamo affermare che, nel tempo psicologico, "passato", "presente" e "futuro" sono tre componenti che definiscono una sequenza in cui l'unico invariante è solo il "presente", mentre "passato" e "futuro" possono scambiarsi di posizione determinando la caratteristica fondamentale della sequenza stessa.

In parole ancora più immediate, *nel caso del tempo fisico è la sua dinamica a far nascere i concetti di passato, presente e futuro*, mentre *nel caso del tempo psicologico, passato, presente e futuro determinano la dinamica della particolare istanza di tale tempo* in esame.

Ritornando al concetto di entropia, abbiamo visto che questa aumenta concordemente al fluire positivo del tempo fisico, al punto da far nascere la spontanea definizione di "freccia del tempo". Procedendo pertanto per analogia, nel contesto di un tempo che può muoversi in senso opposto a quello fisico, possiamo concludere che l'entropia positiva decresca, o che un'ipotetica *"entropia negativa"* aumenti costantemente. Fermo restando che la validità del secondo principio della termodinamica è fuori discussione, se ne deduce (mantenendoci per adesso in ambito prettamente biologico) quanto dichiara lo stesso Schrödinger[23]:

Ogni processo, evento, fenomeno, chiamatelo come volete, in una parola tutto ciò che avviene in natura, significa un aumento dell'entropia di quella parte del mondo ove il fatto si verifica. Così un organismo vivente aumenta continuamente la sua entropia, o, si può anche dire, produce entropia positiva e così tende ad avvicinarsi allo stato pericoloso di entropia massima, che è la morte. Esso può tenersi lontano da tale stato, cioè in vita, solo traendo dal suo ambiente continuamente entropia negativa, che è qualche cosa di molto positivo, come vedremo immediatamente. Ciò di cui si nutre un organismo è l'entropia negativa. Meno paradossalmente si può dire che l'essenziale del metabolismo è che l'organismo riesca a liberarsi di tutta l'entropia che non può non produrre nel corso della vita.

E, poco più avanti, per chiarire in modo più rigoroso qual è il significato dell'espressione *"entropia negativa"*:

Abbiamo detto sopra: "L'organismo si alimenta di entropia negativa" attraendo su di sé, per così dire, un flusso di entropia negativa, per compensare l'aumento di entropia che esso produce vivendo, con il che riesce a mantenersi a un livello di entropia stazionario notevolmente basso...

...Il meccanismo per cui un organismo si mantiene stazionario a un livello molto elevato di ordine (=livello di entropia molto basso) consiste realmente nell'assorbire continuamente ordine dall'ambiente. Questa conclusione è meno paradossale di quanto sembri a prima vista. Piuttosto potrebbe essere considerata banale. Infatti nel caso degli animali superiori conosciamo abbastanza bene la specie di ordine di cui essi si nutrono, cioè lo stato estremamente ben ordinato della materia nei più o meno complicati composti organici che servono loro da cibo. Dopo averli utilizzati, essi li restituiscono in una forma molto degradata: non interamente degradata, tuttavia, poiché le piante possono ancora farne uso. (Queste ultime, ben si sa, hanno la loro più importante sorgente di "entropia negativa" nella luce solare).

---

[23] *Ibidem*

L'esempio appena esposto concerne l'associazione dei processi metabolici con l'acquisizione di entropia negativa (d'ora in poi chiamata *"negentropia"*) dall'ambiente. Tuttavia il metabolismo è una caratteristica di tutti gli esseri viventi e si basa su atti automatici (piante e organismi inferiori) o istintuali (animali); solo nel caso dell'uomo siamo in presenza di una vera intenzionalità che, attraverso l'applicazione della volontà razionale, dirige le sue azioni per ottenere un risultato che, come sostiene il filosofo della mente Dennett[24], tenga conto delle proprie "credenze" e dei propri "desideri". Citando Benini[25], infatti:

> *Intentio*, dal latino *intendere*, significa *tendere a*. Dal momento che la coscienza è sempre coscienza di qualche cosa, essa è intenzionale...
> ...Caratteristica dell'intenzionalità come fatto proprio della mente e della coscienza è l'inesistenza materiale del suo contenuto. Alla ricerca neurofisiologica l'intenzionalità pone il problema di dove sorga, con quali meccanismi e con quali condizionamenti fisici si orienti l'intenzione.

L'uomo, infatti, non si nutre di negentropia esclusivamente attraverso particolari processi biologici, anzi, potremmo dire che questi rappresentino solo il suo retaggio animale e che il vero sviluppo "spirituale" è avvenuto nel momento in cui esso (l'uomo) ha realizzato la sua capacità di usare il tempo psicologico per non subire più passivamente il fluire del tempo fisico.

Forse più di molti altri artisti, Giacomo Leopardi, ha saputo descrivere lo stato di noia esistenziale che assale colui che tenta di trascorrere il proprio tempo (psicologico e fisico) tentando di imitare la cieca

---

[24] D.C. Dennett, *La mente e le menti*, Bur
[25] C. Bassetti, A. Benini, R. Núñez, M. Scanziani, *Neurofisiologia delle mente e della coscienza*, Longo

"naturalezza" delle bestie. Nel suo celebre *Canto notturno di un pastore errante dell'Asia*[26], infatti egli scrive:

> ...
> O greggia mia che posi, oh te beata,
> Che la miseria tua, credo, non sai!
> Quanta invidia ti porto!
> Non sol perché d'affanno
> Quasi libera vai;
> Ch'ogni stento, ogni danno,
> Ogni estremo timor subito scordi;
> Ma più perché giammai tedio non provi.
> Quando tu siedi all'ombra, sovra l'erbe,
> Tu se' queta e contenta;
> E gran parte dell'anno
> Senza noia consumi in quello stato.
> Ed io pur seggo sovra l'erbe, all'ombra,
> E un fastidio m'ingombra
> La mente, ed uno spron quasi mi punge
> Sì che, sedendo, più che mai son lunge
> Da trovar pace o loco.
> E pur nulla non bramo,
> E non ho fino a qui cagion di pianto.
> Quel che tu goda o quanto,
> Non so già dir; ma fortunata sei.
> Ed io godo ancor poco,
> O greggia mia, né di ciò sol mi lagno.
> Se tu parlar sapessi, io chiederei:
> Dimmi: perché giacendo
> A bell'agio, ozioso,
> S'appaga ogni animale;
> Me, s'io giaccio in riposo, il tedio assale?
> ...

---

[26] G. Leopardi, *I canti (a cura di Luigi Russo)*, Sansoni

Questo tedio che assale il poeta è interpretabile come l'effetto del "disperato" tentativo di riuscire a fare a meno dell'intenzionalità (nel tempo psicologico) per contrastare il fluire del tempo fisico che, tuttavia, si risolve nell'acquisizione con maggiore enfasi della consapevolezza del carattere di ineludibilità che questa intenzionalità possiede.

L'uomo è intenzionale, non ha un carattere di intenzionalità. Questa identificazione esistenziale definisce prima di caratterizzare l'intero corso della vita dell'uomo, "costringendolo", per via della sua mente, ad essere se stesso pur nella più distaccata delle contemplazioni[27].

Questo essere sempre se stesso, non rinnegare mai la sua intima natura, così come nello sprone dell'*Ulisse* dantesco, porta tuttavia l'uomo a dover in-contrare le resistenze del *"fuori-da-sé"* e, conseguentemente, a doversi s-contrare con esse.

Lasciarsi andare al corso degli eventi, subirne l'impetuoso dispiegarsi che non tiene conto della volontà umana, guida la persona verso il suo progressivo decadimento, e il riposo, lungi dall'esser solo *"...della fatal*

---

[27] Un esempio straordinario di quello che si mostra alla mente puramente razionale come un paradosso ci viene fornito da alcuni versi del *Tao Te Ching* (Lao Tzu, *Tao Te Ching (a cura di B.B. Walker)*, Mondadori):

Fai col non fare,
agisci col non agire,
permetti all'ordine di sorgere da solo.

In questo caso, le parole poetiche del Tao Te Ching non invitano affatto a quell'inazione comunemente definita "ozio", ma piuttosto a prendere atto che la sua mente, in assenza di perturbazioni ambientali, ritrova il suo più profondo ritmo vitale e in quell'apparente silenzio, lascia che ogni pensiero, ogni idea e ogni frammento d'essere trovino, senza alcuna guida artificiale, la via per dare il loro ineguagliabile contributo all'edificazione del Sé.

quiete...l'imago..." come scriveva Foscolo[28] in uno dei suoi più famosi sonetti, diventa l'anticipazione concreta della morte fisica.

Ma, per fortuna, l'uomo sa sollevarsi da terra anche dopo le peggiori cadute grazie a ciò che poeticamente viene definita "forza d'animo", ma che in termini più concreti è l'attuazione di un processo finalizzato a contrastare lo spontaneo degrado del tempo attraverso un'azione volontaria esplicata lungo il dispiegarsi del tempo psicologico.

Nell'ultima parte di questo saggio cercherò di mostrare come alcuni dei più comuni comportamenti della vita quotidiana (ordinaria e psicopatologica) possano essere ricondotti a diversi approcci *"d'uso"* del tempo psicologico; per adesso, tuttavia, limitiamoci a chiarire gli aspetti teoretici della questione in esame.

Qualsiasi essere umano vive una vita biologica che si dispiega nello svolgersi del tempo fisico ed è caratterizzata da un naturale, progressivo e inarrestabile declino verso uno stato di equilibrio denominato *morte*. Nel contempo, e senza alcuna separazione, l'uomo, attraverso la sua corporeità, si apre al mondo e interagisce con esso ad un livello superiore a quello meramente fisico; tale livello, come è stato già accennato, basa il suo fluire sul tempo psicologico. Queste due realtà, tuttavia, pur sembrando separate, trovano la loro inscindibile unione nell'uomo stesso, inteso non come sintesi cartesiana di *res cogitans* e *res extensa*, ma piuttosto come un'unità fisico-psichica che inter-agendo con il mondo esterno e con le sue rappresentazioni interne, si manifesta come essere umano in quanto tale. Tempo fisico e tempo psicologico, quindi, coesistono nell'uomo con una relazione che, proprio a partire da quello che sembra essere

---

[28] A. Gianni, M. Balestreri, A. Pasquali, *Antologia della letteratura italiana III, Parte prima*, Casa editrice D'Anna

un vero e proprio dualismo, trascendendolo, determina il *"tempo"* umano, quale fluente psico-biologico.

Per ragioni di chiarezza espositiva, comunque, in questa sede si farà riferimento alle singole componenti, assumendo tuttavia che esse, nell'ambito umano, non abbiamo ragion d'essere se prese in modo isolato. Il tempo psicologico non ha infatti senso se isolato dal suo corrispettivo fisico (che gli fornisce il riferimento temporale *"esterno"*), così come un uomo la cui vita si svolge esclusivamente nell'ambito del tempo fisico (ad esempio per motivazioni legate a patologie cerebrali) è purtroppo ridotto irreversibilmente ad uno stato vegetativo la cui sorte è solo quella della degenerazione culminante nel decesso.

Durante la sua esistenza in vita, un uomo, seppur affetto da psicopatologie, attua continuamente processi intenzionali per l'interazione con il mondo esterno e con le sue rappresentazioni interne: uscire di casa per comprare del cibo, telefonare ad un amico per sincerarsi del suo stato di salute, riflettere sulle parole lette in un libro, etc. sono tutti comportamenti guidati da una precisa intenzione e da un fine che va ben oltre le necessità istintuali degli animali. Per poter trasformare l'idea intenzionale in azione che manifesta l'intenzione stessa, l'individuo attua un processo, ovvero una serie precisa di attività correlate il cui scopo finale è quello definito dall'intenzione stessa.

Alcuni passi di un determinato processo riguardano attività immediate che, pur conservando una finalità, de-finiscono esse stesse nel momento del loro attuarsi: chiudere la porta di casa prima di andar via, comporre il numero di telefono, etc. Tali attività, la cui importanza è chiaramente fuori discussione, sono tuttavia "accessorie" e, per ragioni di "sovraccarico mentale", vengono relegate ad un ambito operativo la cui natura è, dopo un certo tempo, automatica.

Nessuno presta più attenzione ad esse: le svolge e prosegue; ben diverso è invece l'approccio che verrebbe ad essere adottato nel caso in cui il *feedback* di una di queste azioni dovesse restituire un'indicazione di fallimento: ad esempio, se la serratura si inceppasse impedendo l'uscita della chiave. In tali occasioni contingenti, l'individuo è *ipso facto* costretto ad attuare un particolare processo "innestato" nel precedente al fine di risolvere la situazione problematica e rendersi pertanto disponibile per il suo compito iniziale.

Eliminando queste micro-attività accessorie (che comunque hanno un loro peso non trascurabile), ciò che rimane all'interno dei processi intenzionali sono tutte le attività che, per la loro intrinseca struttura, al fine dell'attuazione, richiedono una pro-gettualità che si esplica nel fluire del tempo psicologico.

E' proprio in quest'ultimo concetto che si estrinseca la straordinaria capacità dell'uomo di trascendere il mero scorrere del tempo fisico e, come vedremo nell'ultima parte di questo scritto, che permette di relazionarsi con l'ambiente in modo proficuo e appagante, oppure, nel caso di particolari disturbi psicologici, di non essere in grado di "vivere" attivamente ma solo di "subire la vita".

Una o più attività possono essere raccolte all'interno di un sotto-processo il cui fine è propedeutico al raggiungimento del fine stabilito inizialmente. Un siffatto sotto-processo, considerato in modo atomico, si pone innanzi all'individuo come un "ostacolo" che il viandante deve superare per poter continuare il suo percorso verso una meta di ristoro.

Da un punto di vista maggiormente "tecnico", osservando questo processo in uno stadio potenziale, dal punto di vista del soggetto, ciò che può accadere è riconducibile a due diverse possibilità:

- Il tempo fisico e il tempo psicologico hanno medesimo verso e moduli indifferenti[29]
- Il tempo fisico e il tempo psicologico hanno versi discordi e moduli indifferenti

Il primo caso definisce ciò che chiameremo *processo mentale temporale entropico* (da questo momento abbreviato in *processo mentale entropico*) poiché, dato per indiscutibile che il verso del tempo fisico porta ad un aumento dell'entropia del sistema, la concordanza dei due tempi[30] ha una risultante che manterrà il verso della freccia del tempo termodinamica e avrà un modulo maggiore di quello di ciascun componente[31] (Figura 2). L'effetto sommativo,

---

[29] Di fatto è estremamente difficile se non impossibile poter stimare il modulo dei vettori, considerando esso proporzionale alla "velocità di spostamento" della freccia temporale. Seppur soggettivamente è possibile percepire un'accelerazione o un rallentamento del tempo, non si è al momento in grado di valutarne la valenza oggettiva per poter utilizzare una scala di valori condivisa tra diversi esperimenti. Per tale ragione, in questa sede, si preferirà considerare indifferente il modulo dei vettori e si concentrerà l'attenzione sul loro verso.

[30] Per comodità di rappresentazione, i due tempi vengono schematizzati con due vettori: il tempo fisico sarà orientato liberamente (e definirà la direzione e il verso della "freccia del tempo") e avrà un modulo di valore pari alla durata (in una qualsiasi unità di tempo) del periodo in esame; il tempo psicologico manterrà la direzione del tempo fisico e avrà verso concorde o discorde e modulo pari alla durata "psicologica" dell'evento in esame.

[31] Se i due vettori fossero omogenei si potrebbero sommare applicando le regole matematiche dell'algebra lineare e, considerando che hanno medesima direzione e verso, la risultante del modulo sarebbe la somma aritmetica dei due valori non negativi. Pur tuttavia, considerando che il tempo psicologico è un concetto che viene modellato in analogia con quello fisico ma non è possibile dimostrarne l'omogeneità fisica, in questa sede, si

pertanto, accentuerà la percezione "entropica" del tempo spostando in avanti l'azione e il suo risultato e contribuendo, come vedremo nell'ultima sezione, ad un degrado netto di energia senza alcun ritorno per il soggetto.

Senza eccessive complicazioni linguistiche possiamo dire che l'individuo che attua processi mentali entropici invecchia costantemente in senso "olistico" e anche le sue capacità di adattamento alle stimolazioni ambientali si riducono considerevolmente.

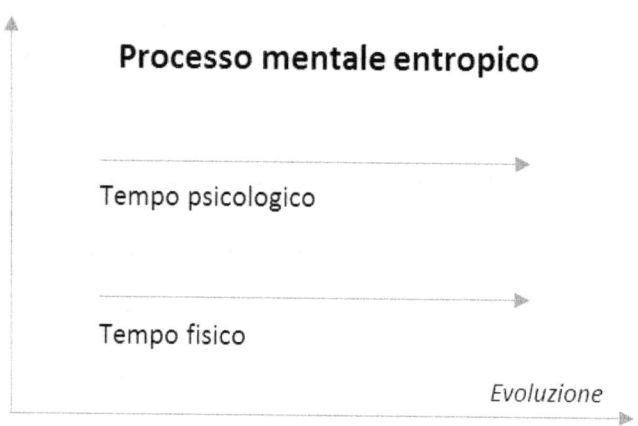

Figura 2 - *Rappresentazione cartesiana di un processo mentale temporale entropico*

Tornando all'incisività della citazione leopardiana, colui il quale osserva la quiete delle bestie al pascolo e cerca di imitarne il comportamento, pone innanzi a sé un flusso temporale psicologico fortemente spinto in avanti nella direzione del tempo fisico. Il senso di

---

preferisce non definire una regola per la "somma vettoriale" delle due tipologie di tempo.

tedio, l'incapacità a trovare quell'apparente pace che solo i buoi riescono a percepire, è un fenomeno psicologico che non viene in alcun modo né invertito, né tantomeno ostacolato. Abbandonandosi ad una "sorte avversa" e cercando una via di fuga nell'impossibile impoverimento percettivo (l'imitazione di animali inferiori), l'uomo asseconda il tempo fisico nella sua monotona corsa verso l'equilibrio della morte. L'azione viene post-posta, l'energia interiore (la libido) non trova più simboli *"junghiani"* per potersi sublimare in processi in grado di favorire l'individuazione e il raggiungimento della piena consapevolezza del *Sé*.

Esiste anche un'altra interpretazione relativa al verso del tempo psicologico: come ben si sa, il tempo fisico è pre-condizione essenziale per la generale accettazione del principio di causa ed effetto; la causa è sempre antecedente all'effetto e quindi, applicando il secondo principio della termodinamica, possiamo dedurne che l'entropia al momento della manifestazione dell'effetto è maggiore o uguale a quella esistente al momento della manifestazione della causa. Applicando questa analogia al tempo psicologico, se ne ricava che se il verso di quest'ultimo è concorde a quello del tempo fisico, anche il principio di causa ed effetto "psicologico" mantiene la causa temporalmente prima dell'effetto.

Ciò, apparentemente, potrebbe sembrare ovvio ma, come vedremo anche nel caso dell'attività onirica, una prerogativa esclusiva del tempo psicologico è propria quella di essere in grado di attuare processi basati sull'inversione di tale principio, in una modalità che naturalmente non contraddice alcuna legge fisica.

In termini psicologici, infatti, l'individuo attua una *"pre-figurazione dell'effetto"* che determina le condizioni mentali necessarie per poter attuare i processi finalizzati a determinare le giuste cause. A differenza di un ambiente prettamente fisico, l'uomo, attraverso la consapevolezza intenzionale, senza eccessive forzature e licenze,

39

sintetizza l'effetto prima del verificarsi delle cause che, nel tempo fisico, serviranno a produrre il risultato desiderato. Risultato che, ovviamente, avverrà posteriormente al sopraggiungere delle cause nell'ambito del tempo fisico.

Questa abilità, nel suo dispiegarsi, apre le porte ad una percezione "reale" del tempo che va ben oltre l'assimilazione degli istanti fisici e, come scrive Ada Negri[32] in una sua lirica, mostra ad ogni istante la potenza dell'eterno:

> Giorno per giorno, anno per anno, il tempo
> nostro cammina! L'ora ch'è sì lenta
> al desiderio, tu la tocchi infine
> con le tue mani; e quasi a te non credi,
> tanta è la gioia: l'ora che giammai
> affrontare vorresti, a cauto passo
> ti s'accosta e t'afferra - e nulla al mondo
> da lei ti salva. Non è sorta l'alba
> che piombata è la notte; e già la notte
> cede al sol che ritorna, e via ne porta
> la ruota insonne. Ma non v'è momento
> che non gravi su noi con la potenza
> dei secoli; e la vita ha in ogni battito
> la tremenda misura dell'eterno.

Il tempo fisico è gravoso e in esso l'attesa non tarda a trasformarsi, nel frangente infinitesimo di un istante, in un passato irreversibilmente perso; il futuro, quale luogo della possibilità esiste nel suo non-esistere, poiché la sua attualizzazione lo degrada a mero prodotto di scarto, al cui interno è forse possibile trovare le tracce mute degli effetti che remote cause hanno determinato. Fossili che spiegano la biografia evolutiva dell'individuo nella sua stasi temporale, nel suo

---

[32] A. Negri, *Poesie (a cura di Silvio Raffo)*, Mondadori

subire il tempo e la voracità con la quale esso divora ogni minuscolo frammento d'essere non dominato con perentorietà da una pura ed inalienabile volontà. Condizione, questa, di cui l'uomo ha tutti gli onori ma soprattutto gli oneri: *non si può rinunciare a volere accontentandosi di quanto ottengono le bestie* perché esse non hanno altra possibilità, mentre l'uomo è perfettamente consapevole del destino che auto-determina.

Questa anticipazione del futuro, caratteristica psicologica esclusiva dell'uomo quale *essere-nel-mondo*[33], apre le porte alla seconda delle possibilità di attuazione dei processi: il *processo mentale temporale negentropico*[34] (Figura 3).

---

[33] *Ibidem*

[34] Ho avuto modo di notare una forte analogia tra quanto descritto in questo saggio e alcune delle teorie sulla *noogenesi* esposte da Teilhard de Chardin. In particolare, la coesistenza di processi entropici (dominanti soprattutto gli ambiti naturali non-umani) e di corrispettivi negentropici, caratteristici dell'attività degli animali superiori e, in riferimento alla loro "applicazione" mentale, esclusivamente dell'uomo, è assimilabile al prodotto della legge di complessità-coscienza teorizzata da Teilhard. La filosofia del gesuita, seppur mantenendo un fortissimo riferimento alle sue radici cristiane, sviluppa un'escatologia razionale basata sul duplice effetto: naturale (legato all'evoluzione del sistema terrestre) e *noosferico* (legato all'acquisizione sempre maggiore di un livello di coscienza condiviso). L'azione della *noogenesi* converge verso un punto finale oltre lo spazio e il tempo, che il filosofo definì "*Omega*". Nella trattazione di Teilhard, come già detto, esiste un'identificazione molto forte tra il punto Omega e la figura di Cristo, per cui il raggiungimento di questo stato finale di equilibrio perfetto viene anche considerato come il raggiungimento di un completo livello di "*pleromizzazione*" cristica (parusia paolina) che, a meno di opportune variazioni, allontana dalla trattazione un'ampia parte della popolazione che non riconosce l'azione redentrice di una particolare figura storica o mistica. Per questa ragione, in questa sede, preferisco indicare solo le analogie con

Quando ci apprestiamo ad uscire di casa per comprare del cibo, così come per qualsiasi attività in campo fisico, anche noi essere umani siamo "costretti" a ricorrere al principio di causa ed effetto; ovvero, dato un certo effetto desiderato abbiamo l'ovvia necessità di cercare le cause adeguate a causarlo in modo efficace ed efficiente (ovvero con il minor dispendio di energia).

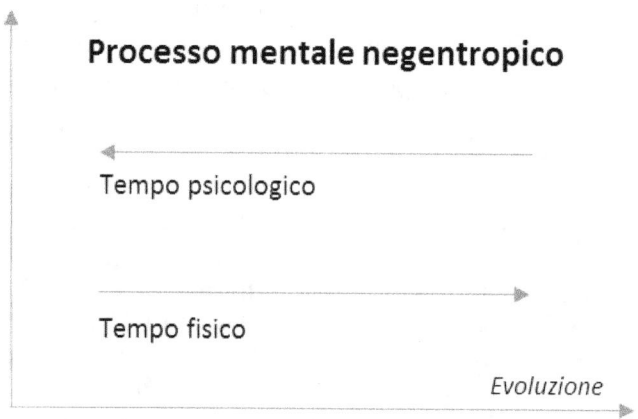

Figura 3 - *Rappresentazione cartesiana di un processo mentale temporale negentropico*

Tuttavia, a differenza di un pallone che, ricevendo una spinta, si sposta nello spazio, l'intenzionalità umana pre-determina l'effetto come unico elemento di reale importanza e successivamente si dedica alla ricerca (molto spesso estremamente rapida) delle possibili cause. L'uomo, cioè, in un processo mentale maggiormente congeniale alla

---

quella parte di pensiero che, pur essendo fortemente spiritualistica, non "costringe" il lettore ad accettare elementi di natura maggiormente fideistica. Per maggiori dettagli rimando il lettore a: P. Teilhard de Chardin, *Il fenomeno umano*, Queriniana

sua natura, lavora con un principio di causa ed effetto strutturalmente invertito rispetto a quello fisico.

Considerando sempre l'analogia con la freccia del tempo termodinamica, se il vero del tempo psicologico è discorde rispetto a quello del tempo fisico, le caratteristiche peculiari di questi processi saranno:

- Un aumento di entropia fisica legata all'avanzare del relativo tempo, con un conseguente degrado dell'energia
- Un aumento di entropia negativa[35] legato all'avanzare "retrogrado" del tempo psicologico, che si traduce in un contributo che tenderà a contrastare l'effetto dell'entropia fisica.

L'aumento di entropia fisica è ovviamente inevitabile: muoversi, pensare, vedere, etc. sono attività che, dispiegandosi nel tempo fisico, richiedono un apporto energetico che l'organismo otterrà attraverso il metabolismo, degradando cioè energia nell'ottenere in cambio una certa quantità di lavoro.

Però, in questo caso, al contrario del precedente, l'effetto sommativo dei due contributi sarà di tipo algebrico e alla componente positiva (fisica) dovrà essere sottratta la componente negativa (psicologica). Ancora una volta, per ragioni di rigore scientifico, ci tengo a precisare che non stiamo parlando di reali somme vettoriali, ma stiamo soltanto facendo uso dell'analogia con la matematica per spiegare l'effetto finale che l'uomo, in quanto *essere-nel-mondo*, sperimenta attuando questi processi mentali temporali.

---

[35] Che, per ragioni di coerenza fisico-matematica, sarebbe più opportuno definire *"entropia con il segno meno"*.

La differenza "esistenziale" tra il primo caso e questo è legata principalmente al differente ruolo che l'individuo (persona) si trova a dover "recitare": se nel caso entropico siamo di fronte ad un essere umano che subisce il suo tempo, nel caso negentropico osserviamo la volontà intenzionale nel suo tenace desiderio di "coltivare" il futuro affinché dia i suoi frutti in un determinato presente.

Riportando quanto afferma a tal proposito Heidegger[36]:

> "Futuro" non significa qui un "ora" che, *non ancora* divenuto "effettuale", *lo sarà* però ben presto, bensì la venuta nella quale l'esserci viene-a-sé nel suo più proprio poter essere. Il precorrere rende l'esserci *autenticamente* a-venire, nel senso che il precorrere stesso è possibile soltanto nella misura in cui l'esserci *in quanto essente* come tale già sempre viene a sé esso stesso, ossia è nel suo essere assolutamente a-venire.

Passato e futuro trovano il loro definitivo significante nel presente, inteso non come un mero *"qui ed ora"* (pietrificato, come scrive Borgna nei casi psicopatologici) ma piuttosto come l'elemento infinitesimo che dona continuità ad un flusso ove l'essere è in quanto è stato e in quanto si protende per essere.

Nell'ambito del puro tempo fisico, gli oggetti permangono nel tempo e lentamente si trasformano mirando a stati di equilibrio di estremo disordine, all'interno dei quali la coesione iniziale è definitivamente persa e con essa ogni essenza originale.

L'uomo, attraverso la pro-gettualità, capacità che emerge dal passato esperienziale e "crea" l'immagine del futuro di fronte agli occhi dell'individuo, trasforma il suo presente nel luogo ove si dispiega l'intenzionalità per congiungere l'attuazione di una causa con un effetto già anticipato e "vivificato".

---

[36] *Ibidem*

Possiamo concludere, forse in modo più "poetico-narrativo" che scientifico, dicendo che il processo mentale negentropico dona agli esseri umani una concreta possibilità di trascendere, seppur sempre in modo subordinato alla loro intrinseca fisicità, quel limite che il materialismo "inderogabile" aveva posto, come le Colonne d'Ercole, innanzi ad essi, affinché i più pavidi impetrassero e più arditi le oltrepassassero.

4. Attività onirica e percezione del tempo

Che il tempo fisico non sia una condizione imperativa della nostra vita psichica ci viene confermato empiricamente dalla reiterata esperienza del sonno e dal suo prodotto più pregiato: l'attività onirica.

Tutti possiamo essere più o meno coscienti del momento in cui "decidiamo" di attendere l'arrivo del sonno; possiamo anche leggere l'ora segnata da un orologio e perfino appuntarla in modo da non temere un difetto della memoria al momento del risveglio. Da quel momento in poi rimarremo coscienti per un tempo indeterminato e, anche in quel caso, con una certa abilità, il fluire dei minuti potrà essere percepito in modo più o meno preciso.

Tuttavia, a partire dalla fase *ipnagogica*, durante la quale la persistenza del pensiero inizia a vacillare, nessuno è in grado di conoscere autonomamente l'istante in cui la coscienza viene meno e l'essere cede al sonno. Riportando la descrizione alquanto poetica di Nietzsche[37]:

> Conoscete lo spavento di chi è sul punto di addormentarsi?
> Sino alla punta delle dita dei piedi si spaventa, per il fatto che il terreno gli sfugge e inizia il sogno.

---

[37] *Ibidem*

Chiaramente non si tratta di uno spavento reale; esso è piuttosto la metafora di quella progressiva perdita di coscienza, rilevata dalla coscienza stessa; allo stesso modo di un naufrago che affogando inizia a percepire l'oblio dei suoi sensi mentre la realtà, agonizzante ma ancora viva, dona radi sprazzi di consapevolezza.

Alla stessa maniera dell'addormentamento, al momento del risveglio, solo attraverso un tentativo probabilistico, saremo in grado di stimare correttamente la durata del periodo di sonno. Ciò che quindi possiamo dedurre da tutto ciò è che l'attività biologica del dormire si traduce immediatamente nella condizione psico-fenomenologica *dell'essere-fuori-dal-tempo-fisico*. Ovvero, che la persona, seppur parzialmente recettiva verso gli stimoli esterni la cui intensità è superiore ad una determinata soglia, non è nella condizione, qualora ciò dovesse accadere, di ricongiungere storicamente il segnale ricevuto con il tessuto temporale che connette il sopraggiungere del sonno al momento della rilevazione dello stimolo. In termini di perdita di intenzionalità, viene osservato correttamente da Galimberti[38] che:

> Noi siamo eretti non per la meccanica dello scheletro o per la regolazione nervosa del tono (queste sono piuttosto conseguenze, non cause), ma perché siamo *impegnati in un mondo*. Come questo impegno vien meno, come si riduce la presa sul mondo, il corpo si abbandona, quotidianamente nel sonno, e alla fine nella morte, dove diviene oggetto puro, cosa tra cose, immobilità non gesto, silenzio non parola, corpo come lo concepisce l'anatomia. Non è l'anima che se ne è andata, ma è il mondo che non c'è più, o c'è solo come terra che lo accoglie e lo rinchiude.

Un suono o uno scossone si manifestano per il dormiente come *puri effetti impulsivi* la cui causa viene determinata a posteriori attraverso

---

[38] U. Galimberti, *Il corpo*, Feltrinelli

un processo di ricostruzione storica degli eventi basato principalmente su supposizioni ed analogie.

Dopo un brusco risveglio, infatti, la prima attività mentale che viene svolta in modo quasi sempre automatico è la ricerca della causa che ha indotto l'effetto percepito durante il sonno: se esistono elementi di conferma reali e indubbiamente riconducibili allo stimolo (in termini di compatibilità logica), la ricerca viene arrestata e il soggetto diventa cosciente del nesso causale fino a poco prima totalmente sommerso; se invece l'attività di ricerca è infruttuosa poiché nessuna possibile causa viene individuata nell'ambiente circostante, si assume che lo stimolo percepito faccia parte del materiale onirico e la sua causa, se è sensato parlare di essa, è da ricercarsi nei processi inconsci attivi durante il sonno.

In entrambi i casi, possiamo affermare concordemente con Kant, che il tempo fisico è una condizione necessaria e un *a-priori* alla percezione cosciente di un essere che percepisce la realtà naturale e la ricostruisce attraverso processi mentali, ma non è così per quel che riguarda la "pura" attività inconscia. Quest'ultima, seppur raramente presente in modo autonomo, pur trattando materiali la cui origine è di natura percettiva, ne gestisce la memorizzazione e l'elaborazione secondo una logica che definire *atemporale* porterebbe a delle forti contraddizioni empiriche, ma che certamente può essere ascritta con successo all'ambito dominante del *tempo psicologico*.

Durante i periodi in cui si manifesta l'attività onirica, il dominio dell'inconscio personale (*Es*) riesce a sintetizzare in particolari sequenze audio-visive i materiali di sua pertinenza senza l'attività filtrante dell'inconscio socio-morale (*Super-Ego*). Se durante un sogno, per ragioni endogene o esogene, sopravviene il risveglio, la memoria a breve termine della coscienza può consentire al soggetto di ricordare il contenuto onirico manifesto e, a meno di non ritardare troppo tale operazione, di trasferirlo nella memoria a lungo termine.

Dall'analisi di svariati sogni raccolti negli anni dagli psicoanalisti (senza variazioni sostanziali di quanto già scoperto da Freud e pubblicato nella sua *Interpretazione dei sogni*), è possibile determinare le caratteristiche generali con le quali le esperienze oniriche vengono strutturate e, dato di particolare interesse per la nostra trattazione, la tipologia di percezione temporale che comunemente si presenta.

Se, infatti, è vero che la sequenzialità *"sintattica"* del sogno rispetta un *"cronoprogramma"* analogo a quelle delle percezioni coscienti, il suo contenuto semantico, seppur non direttamente associabile agli elementi latenti, presenta una spiccata alterazione della condizione di temporalità.

In particolare, i fenomeni che comunemente si osservano possono essere riconducibili a:

- Inversione del principio di causa ed effetto (con eventuale soppressione completa della prima o non immediata rintracciabilità della stessa all'interno del contenuto onirico manifesto)
- Contemporaneità di fenomeni strutturalmente sequenziali
- Inalterabilità dell'andamento percettivo del flusso temporale degli eventi (normalmente accelerabile o rallentabile attraverso atti volontari)

Il primo caso è forse l'esempio più evidente del dominio del tempo psicologico a discapito della naturale egemonia del suo corrispettivo fisico. Il principio di causa ed effetto si basa, infatti, sulla condizione fondamentale che sancisce la posterità dell'effetto rispetto alla causa; come infatti riporta Heisenberg[39]:

---

[39] W. Heisenberg, *Fisica e Filosofia*, Net

Kant afferma che ogniqualvolta osserviamo un evento non presumiamo che esiste un evento precedente da cui il primo deve seguire secondo una certa regola. E' questo, come dice Kant, la base d'ogni lavoro scientifico. In questo caso non ha importanza se noi possiamo o meno sempre trovare l'evento precedente da cui l'altro seguiva. In realtà molte volte possiamo trovarlo. Ma anche se non possiamo, nulla può impedirci di chiederci quale avrebbe potuto essere quell'evento precedente e di cercarlo.

L'inversione di tale condizione, come vedremo in seguito, è possibile (e normalmente auspicabile) al livello del tempo psicologico pur restando logicamente sequenziale nel dominio del tempo fisico.

Ciò che accade nel sogno, tuttavia, non è riconducibile ad alcun processo intenzionale della coscienza e quindi il rilevamento di un'inversione può essere ammesso solo partendo dall'ipotesi che la struttura complessa *causa-effetto* sia già "posseduta" dall'inconscio e che questi, sottraendosi ai dettami della logica e delle condizioni a priori della percezione, determini il suo complemento *effetto-causa* prima del suo dispiegarsi nella temporalità del tempo fisico.

Il sognante, di fatto, già sa (a livello inconscio) che un determinato effetto è causato da una condizione precisa o da un *range* di possibilità, ma sposta comunque l'enfasi sul primo lasciando emergere la causa solo come pura necessità strutturale. Il risultato di ciò si traduce in una consapevolezza spesso dimostrata nei racconti immediatamente dopo il risveglio: non è raro, infatti, ascoltare descrizioni che partono da affermazioni la cui origine non è manifesta, seppur lo sia l'effetto indotto.

Ciò che manca è quindi il nesso causale che determina l'*adesso* come conseguenza di un *prima* durante il quale si sono create le condizioni che hanno permesso il verificarsi "logico" dell'effetto. Il soggetto, pertanto, non è in grado di com-*prendere* la sequenza complessiva e ciò che rimane alla coscienza è soltanto un profondo ma spesso isolato ed insoddisfacente senso di consapevolezza.

La causa che determina l'effetto può essere ricercata nel prosieguo del sogno e talvolta emerge in modo evidente dalle descrizioni successive (dove, comunque, per effetto dell'inversione, essa perde la sua naturale funzione nell'ambito del tempo fisico ed è quindi più difficilmente riconducibile alla consapevolezza iniziale), oppure essa si perde nel magma del materiale onirico e precipita nell'oblio quando il sogno viene ricordato o comunicato.

Ovviamente è doveroso precisare che questa inversione non è da intendersi in senso fisico, ambito dove tale principio è indubbiamente valido, ma nell'ambito di una temporalità ove alcune delle più naturali leggi fisiche e logiche smettono di valere.

Chiaramente, se l'inconscio fosse vincolato alla temporalità dettata dal tempo fisico, la determinazione di una condizione dovrebbe essere seguita dall'attuazione di tutte le pre-condizioni, senza le quali l'effetto risulterebbe arbitrario e inspiegabile. Affinché io possa vedere un pallone muoversi per causa mia, sono "costretto" prima dell'istante in cui la mia percettività è in grado di rilevare il moto, ad attuare una causa idonea allo scopo, ad esempio calciare il pallone.

Questa potrebbe sembrare un'ovvietà ma è proprio il "perno" attorno al quale ruota il fenomeno onirico di inversione del principio di causa ed effetto.

Il soggetto è infatti cosciente della sequenza che connette una causa particolare (il calcio al pallone) con l'effetto sommario ottenuto (il moto più o meno veloce, il ventaglio delle direzioni possibili, etc.)[40].

---

[40] Questa tipo di considerazione è ragionevole solo a patto di restare nell'ambito della fisica classica, dove un osservatore è in grado di misurare le caratteristiche di un fenomeno senza produrre alcuna alterazione. Considerando i concetti puri a priori definiti da Kant, la loro validità, seppur limitata dallo sviluppo delle scienze moderne, può rimanere inalterata su scala macroscopica. Infatti, come afferma sempre Heisenberg (*Ibidem*):

Ciascuno è capace, chiudendo gli occhi, di attuare una sintesi figurata e di "vedere" lo svolgersi di una possibile sequenza determinata istanziando il modello sopra descritto, creando perciò un *prima* e un *dopo* logicamente sequenziali nel tempo fisico.

E' anche possibile immaginare la sequenza inversa, così come accade con una ripresa videoregistrata ma, anche in questo caso, seppur consapevoli dell'impossibilità del fenomeno riprodotto mentalmente, lo svolgersi dello stesso avviene all'interno di una sequenza temporale priva di "salti". Stiamo solo "tornando indietro", ovvero rimontando i singoli fotogrammi in ordine inverso e l'apparente inversione di causa ed effetto è solo illusoria. E' vero che l'effetto è temporalmente precedente alla causa ma ciò non ci turba affatto poiché noi siamo consapevoli di stare riproducendo una sequenza naturalmente logica in un ordine artificiale che è possibile solo dopo aver posseduto l'intera successione che congiunge la causa al suo effetto.

Seguendo questo principio, qualsiasi ristrutturazione di una sequenza ammissibile è *ipso facto* ammissibile, a condizione però che il soggetto resti sempre consapevole della sequenza originaria, la quale fornisce il "senso" reale che deve restare invariato affinché ogni possibile rielaborazione, per quanto fantasiosa e innaturale, sia sempre

---

I concetti a priori che Kant considerava come un'indiscutibile verità non sono più accolti nel sistema scientifico della fisica moderna. Essi formano tuttavia parte essenziale di questo sistema in un senso alquanto diverso. Nella discussione dell'interpretazione di Copenaghen della teoria dei quanta è stato messo in rilievo che noi usiamo i concetti classici nel descrivere la nostra attrezzatura sperimentale e più in generale nel descrivere quella parte del mondo che non appartiene all'oggetto dell'esperimento. L'uso di questi concetti, includenti spazio tempo e causalità, è in effetti la condizione per osservare gli eventi atomici ed è, in questo senso, "a priori". Ciò che Kant non aveva previsto era che questi concetti a priori potessero essere le condizioni per la scienza e avere, nello stesso tempo, un'area limitata di applicabilità.

riconducibile ad un'esperienza o un'anticipazione percettiva reale e logicamente fondata.

Quando questo "senso" originario è assente o non più deducibile, siamo in presenza di un'attività psichica al livello dominante del tempo psicologico, dove la necessità dell'effetto, per economia di mezzi, potrebbe essere talmente forte da manifestare quest'ultimo prima di una sua possibile causa.

Infatti, la consapevolezza che si prova al risveglio non è mai così dettagliata e perfettamente determinata da richiedere per la sua logicità il verificarsi di un preciso effetto antecedente (ovvero, tornando al nostro esempio, non si è mai consapevoli di una traiettoria così precisa da richiedere la pre-manifestazione di un effetto puntuale), ma piuttosto essa sfrutta la naturale imprecisione (*fuzzyness*) delle percezioni per poter supporre la possibilità di un intervallo anche molto esteso di possibili effetti.

La causa di questo effetto presente nel materiale onirico viene inizialmente sospesa: il soggetto, ad esempio, sa di avere un dolore, ma solo in seguito diventa consapevole che la causa è stata un urto durante un tentativo di fuga.

L'inserimento della causa nel tessuto onirico non è comunque una condizione necessaria (ad esempio, in molti casi, al risveglio, non si è affatto coscienti del perché nel sogno si provava una determinata sensazione) e avviene solo quando lo svolgersi, per nulla strutturato, degli eventi lo richiede per non creare dei "vuoti" che andrebbero a minare la riuscita della rappresentazione manifesta del contenuto latente del sogno.

Il secondo punto, ovvero la contemporaneità di fenomeni naturalmente sequenziali, è stata descritta da Freud quando ha parlato del lavoro di condensazione. Costui, nella sua *Interpretazione dei sogni[41]*, a proposito di tale attività onirica scrive:

> La prima cosa che diventa evidente a chiunque metta a confronto il contenuto del sogno con i pensieri del sogno è l'esistenza di un lavoro di condensazione di grande portata. I sogni sono brevi, miseri e laconici in confronto all'estensione e all'abbondanza dei pensieri del sogno.

E poco più avanti:

> Molto spesso abbiamo l'impressione di aver sognato moltissimo durante la notte e di aver dimenticato la maggior parte di quanto abbiamo sognato. Quindi il sogno che ricordiamo quando ci svegliamo sarebbe solo un residuo frammentario di tutto il lavoro onirico; e questo, se potessimo ricordarlo nella sua completezza, sarebbe probabilmente esteso quanto i pensieri del sogno.

In un sogno, ad esempio, una persona può manifestare diverse età nel medesimo istante percettivo o una rappresentazione può contenere elementi estratti da ricordi verificatisi in periodi molto diversi. Come detto già prima, infatti, l'economia dei sogni è molto parca di espressioni complesse[42] ed è quindi alquanto comune il verificarsi di sovrapposizioni in termini di contenuto che, tuttavia, mantengono

---

[41] S. Freud, *L'interpretazione dei sogni*, FME
[42] Una motivazione che giustifica questa condizione può essere di natura onto-genetica: i periodi durante i quali è possibile sognare (fasi REM) sono relativamente brevi (circa 20 minuti) e il numero di episodi difficilmente supera i quattro per notte. Per tale ragione, considerando l'aspetto finalistico del sogno, è indispensabile condensare il numero maggiore di elementi all'interno di un tempo che permetta al contenuto latente di essere opportunamente rappresentato. Questa ipotesi, tuttavia, non ha pretese di scientificità, in quanto non è stato dimostrato alcun nesso tra il fenomeno biologico legato all'attività REM e il contenuto "semantico" del sogno.

inalterata la consapevolezza a livello cosciente del soggetto riguardo alla compresenza di elementi logicamente non sovrapponibili[43].

Pur tuttavia, questa possibilità viene attuata attraverso una rappresentazione degli elementi all'interno di un ambito ove la distanza tra essi può essere ridotta sino a zero senza creare alterazioni nella sequenzialità logica: tale tempo è pertanto quello psicologico, dove il contenuto della memoria può essere estratto in modo destrutturato e riassemblato all'interno di una rappresentazione che, come detto in precedenza, è di fatto una sequenza rispondente al livello "sintattico" alle leggi del tempo fisico. Questa duplicità, comunque, lungi dall'indebolire il tempo psicologico, pone il corrispettivo fisico come condizione puramente "riproduttiva" e lascia gli aspetti semantici esclusivamente al primo.

Ciò che quindi emerge è una condizione di carattere molto più generale, ovvero che il tempo fisico, come *a-priori* della percezione è necessario per la percezione della sequenzialità in quanto tale, mentre il tempo psicologico diviene uno strumento privilegiato per la connessione semantica di elementi psichici. Ancora una volta è necessario precisare che il senso dell'aggettivo *"semantico"* non è da intendersi come *"logico"* poiché non esiste un livello di oggettività che permette di stabilire se un legame è universalmente corretto; il giudice unico di tale processo è il soggetto che solo potrà assicurarsi della consistenza semantica delle connessioni stabilite tra diversi elementi psichici.

A tal proposito, credo che non esista ambito migliore per l'applicazione della famosa (e per certi versi, famigerata) affermazione di Nietzsche: *"Non esistono fatti ma interpretazioni"*, precisando che qualsiasi

---

[43] Non mi riferisco, in questo caso, al risultato di un'interpretazione, ma piuttosto alla consapevolezza che determinate immagini contengono elementi naturalmente riconducibili a sorgenti diverse.

approccio ermeneutico fallisce di fronte allo smisurato predominio del soggetto. Soggetto che tuttavia, essendo parte in causa nella genesi e nell'emergere dei contenuti, è maggiormente capace di "creare" un significato piuttosto che lasciarlo emergere dalle osservazioni. Ancora una volta l'opera di interpretazione acquisisce un predominio inattaccabile.

Il terzo punto riguarda invece l'inalterabilità del flusso degli eventi. Per chiarire immediatamente qual è l'ambito della trattazione cito per esteso una nota tratta dal mio saggio *"La percezione del tempo"*[44]:

> Qualche tempo fa mi è capitato di riflettere sulla dinamica di un sogno nel quale mi trovavo in una strada e desideravo ardentemente accelerare il passo senza tuttavia riuscirci. La prima cosa che mi venne in mente al risveglio fu quella di domandarmi perché mai la mia volontà non era riuscita ad assecondare il mio desiderio; dopo aver consultato – invano – alcuni testi di psicoanalisi sono arrivato alla conclusione che in assenza di percezione sensibile il cervello non è più in grado di rappresentarsi autonomamente una successione temporale. Il sogno, che scaturisce dall'auto-eccitazione dei neuroni rievoca immagini mentali già "assorbite" e che hanno contribuito precedentemente all'organizzazione cerebrale, tuttavia, senza informazioni reali, il cervello si limita ad una sorta di "auto-osservazione" delle sue funzioni e perde ogni capacità di "vivere" il tempo in senso termodinamico. Un'interpretazione alternativa e/o complementare può scaturire da quanto affermato Jerome Siegel[45]. Nel suo articolo, l'autore afferma che recenti scoperte in campo neurofisiologico hanno mostrato che durante le fasi REM del sonno avviene la disattivazione di parecchi recettori sinaptici, in particolare quelli relativi ai moto-neuroni (eccetto per gli occhi). Tale condizione assicura un ri-sensibilizzazione delle strutture in modo che l'organismo mantenga un elevato livello di efficienza. A partire da queste considerazioni si può concludere che il cervello non è in grado di "immaginare" incoscientemente

[44] G. Bonaccorso, *Saggi sull'Intelligenza Artificiale e la Filosofia della Mente (2004-2005)*, Lulu
[45] J. M. Siegel, *Why we sleep*, Scientific American, 11/03

un'attività che richiede particolari comunicazioni neurali. Durante il sogno gli stimoli endogeni prodotti dall'eccitazione cerebrale non riescono a giungere alle destinazioni deputate all'attuazione (anche virtuale) di un determinato compito e ciò compromette del tutto la capacità di immaginare un'evoluzione temporale che richiede l'interazione (percettiva) con l'ambiente naturale.

Quanto affermato ha una forte valenza biologica ma lascia aperto il problema fenomenologico: durante l'attività onirica, il tempo fisico "esteriore" non è chiaramente percepito e la sua rappresentazione avviene attraverso la mediazione del suo corrispettivo psicologico.

L'impossibilità di accelerare una corsa o di spiccare un balzo deriva direttamente dall'assenza di intenzionalità cosciente, la quale, come vedremo, pro-getta le cause che devono determinare gli effetti desiderati. Nel sogno, una fuga viene vissuta come effetto impulsivo, che manifesta se stesso senza alcuna necessità di dispiegarsi in istanti temporali successivi. Possiamo dire, pertanto, che non si sogna "di correre", ma piuttosto che si sogna "il correre"[46].

Nell'ambito del tempo psicologico, come già visto nel caso dell'inversione del principio di causa ed effetto, l'intero contenuto semantico è presente in modo atomico e ciò permette la sua rappresentazione onirica in modo apparentemente atemporale, ma che in realtà sfrutta la percezione cosciente del tempo fisico per sintetizzare una pseudo-sequenza dove compare un fenomeno dinamico assimilabile al moto.

Analogamente a quanto appena detto, non è possibile rallentare lo svolgimento di un sogno: esso si svolge senza intenzionalità e il

---

[46] Ovvero che l'attività onirica, così come d'altronde accade spesso anche nel pensiero cosciente, lavora attraverso processi di generalizzazione che, a partire dall'esperienza particolare, strutturano una "classe empirico-comportamentale" a cui possono essere ricondotte tutte le istanze particolari.

soggetto, seppur "coinvolto" direttamente, è solo uno spettatore meramente passivo.

Per evitare fraintendimenti, tuttavia, preciso che il senso di un eventuale tentativo di rallentamento non è da ricercarsi nell'ambito del tempo fisico; così come in ambito intenzionale-volontario noi siamo in grado di "dilatare" o di "contrarre" il nostro tempo psicologico pur riconoscendo il fluire ininterrotto del tempo fisico, anche in ambito onirico, la comparsa di elementi particolarmente "sensibili" o emotivamente impattanti potrebbe indurre una temporanea fissazione dell'immagine, condizione che può avvenire solo e soltanto a condizione di poter attuare la propria intenzionalità.

In definitiva, possiamo dire che il tempo psicologico è il tessuto all'interno del quale avviene la sintesi semantica degli elementi onirici e che il tempo fisico è solo lo strumento rappresentazionale necessario per garantire una continuità percettiva tra le esperienze della veglia e quelle del sogno.

A questo punto, risulta chiaro perché il verbo "sognare" è stato adottato nel linguaggio per designare un'attività di estraniazione dalla realtà cosciente per giungere un luogo deregolamentato ove il pensiero è in grado di regnare senza il continuo scontro con i vincoli imposti dalla fisica. Non si tratta soltanto di poter immaginare l'esistenza di elementi irreali, ma soprattutto il non dover sottostare a molte delle leggi logiche e naturali che costringono l'uomo alla scelta e alla rinuncia. Come afferma con grande trasporto emotivo il poeta Kahlil Gibran:

Fidatevi dei sogni perché in loro è nascosta la porta dell'eternità.

Un'eternità che chiaramente non è immanente, né potenziale allo stato onirico stesso, ma che emerge come manifestazione di un'attività mentale fortemente negentropica, in grado di spezzare molti dei legami che "costringono" l'uomo così come accade alle bestie e agli oggetto inanimati.

Il principio di causa ed effetto e quello di non contraddizione, ad esempio, si parano innanzi al cammino di ciascun uomo lungo il sentiero della sua esistenza, esigendo una coerenza tempo-invariante che talvolta potrebbe degenerare in un senso di frustrazione.

L'atto non-intenzionale[47] del "sognare" equivale, perciò, a muoversi in un tempo psicologico il cui moto è decisamente più adeguato ad assecondare l'evoluzione psichica e umana della persona.

Si sogna *"ad occhi aperti"* (talvolta "precipitando" in veri e propri *sogni lucidi*) per poter non-selezionare, per contraddire ciò che è ormai fisicamente determinato, per con-creare il mondo ove l'essere ritrova la sua essenza, e ciò può avvenire solo a condizione che il tessuto temporale adottato non imponga leggi rigorose e incontrovertibili. Una condizione, questa, che può guidare verso una costante alienazione o, se non sottratta al dominio esclusivo dell'inconscio attraverso una costante intermediazione razionale. D'altronde, non è insito nella natura umana più elevata accettare il soggiogamento, seppur fisicamente ineludibile, da parte di condizioni che si rivelano ben presto limitanti e adatte solo ad esseri privi di una volontà intenzionale. Un concetto, questo, espresso magistralmente da Sartre nella sua autobiografia[48]:

---

[47] Da non intendersi come un'abdicazione della volontà, comportamento impossibile oltre che totalmente deprecabile, ma piuttosto come la scelta di rilassare momentaneamente la tensione intenzionale attraverso un processo controllato che non disperderà il "volere" ma lo saprà "restituire" arricchito e ristorato.

[48] J.P. Sartre, *Le parole*, Il Saggiatore

Macché; non si trattava di arrampicarmi sull'albero sacro: ci stavo sopra e mi rifiutavo di scenderne; non si dava il caso che io volessi pormi al di sopra degli uomini: volevo vivere in pieno etere in mezzo agli aerei simulacri delle Cose. Più tardi, ben lungi dall'attaccarmi alle mongolfiere, ho impegnato ogni zelo a colare a fondo: ebbi bisogno di suole di piombo. Con un po' di fortuna, mi è accaduto a volte di sfiorare, su sabbie nude, delle specie sottomarine di cui dovevo inventare il nome. Altre volte, nulla da fare: una irresistibile leggerezza mi tratteneva alla superficie. Conclusione, il mio altimetro s'è guastato, e sono a volte ludione, a volte palombaro, spesso le due cose insieme, come si confà alla nostra partita: abito in aria per abitudine e rovisto il fondo senza troppa speranza.

5. Il tempo letterario

Il linguaggio naturale è lo strumento creativo più potente e versatile che l'uomo sia mai riuscito a creare e non c'è affatto da stupirsi se grazie ad esso il tempo acquista una veste molto più dinamica e "svincolata".

Se infatti, come abbiamo visto in precedenza, l'uomo si trova a vivere un ruolo passivo nei confronti del tempo fisico, e attivo, ma pur sempre subordinato, rispetto al tempo psicologico, attraverso la strutturazione linguistica, egli trascende del tutto la natura sequenziale del tempo per giungere ad una concezione ove, paradossalmente, questi ritorna al suo ruolo "fisico-matematico" di variabile indipendente, idonea ad assumere qualsiasi valore purché ciò non debba necessariamente essere ricondotto ad particolari esperimenti posti a priori.

L'esistenza dei tempi verbali e, cosa alquanto più straordinaria, dell'infinito (radice di ogni forma coniugata), è già di per sé una constatazione della più autentica missione che il linguaggio naturale si pone innanzi: descrivere non lo svolgersi degli eventi, ma la loro completezza in un *non-tempo* che ingloba a sé ogni dinamica e la rende viva in un microcosmo ove l'attesa è limitata al volere del lettore e dello scrittore.

Non siamo più, quindi, di fronte ad un susseguirsi più o meno veloce di fenomeni autonomi, ma allo loro sintesi a partire dalla trascendenza del tempo, per giungere ad un'entità sovra-temporale che solo il linguaggio, unitamente alla capacità analitico-razionale dell'uomo, è in grado di rendere con pregnanza di significati.

Nella letteratura, in qualunque sua forma, il tempo diventa uno strumento fluido adatto a modellare ogni situazione, stato d'animo, progetto, idea, così come se essi fossero attuali nell'istante in cui un essere umano li scrive o li (ri-)legge.

Non c'è più sequenzialità, né storicità in senso stretto nel contesto definito dal linguaggio e, solo grazie ad esso, a conferma della sua superiorità ad ogni forma di tra-dizione, può esistere la storia in quanto tale, ovvero la biografia *staticizzata* dell'intera umanità. L'uomo grazie al linguaggio non diventa di certo immortale, perché, come vedremo nel prossimo paragrafo, la condizione di fine dell'esistenza crea una singolarità che solo nella sua assenza permette di osservare (senza com-*prenderla*) l'essenza del suo manifestarsi. Tuttavia, nella scrittura il tempo non è più oggetto di indagine (attiva o passiva) ma si trasforma in un potere in grado di dare forma a ciò che sfugge (ed è quindi *a-temporalizzabile*) perché privo non solo del "nome" ma anche del suo iniziale posizionamento al di fuori del tempo umano.

Non c'è da stupirsi, quindi, se nel prologo del Vangelo di Giovanni (1, 1-2)[49], il *Logos* creatore è posto come principio assoluto:

> In principio era il Verbo,
> il Verbo era presso Dio

---

[49] *Ibidem*

e il Verbo era Dio.

Logicamente, ciò che è fuori dal tempo non può auto-descriversi senza che un mezzo (la parola) lo definisca; il principio, pertanto non è ancora quel *Dio* che verrà *ri-velato*[50] in seguito, ma la sua atemporalità creatrice, con la quale *Esso* diventa accessibile all'intelletto umano[51]. Questa atemporalità, questo *essere-prima-del-tempo*, viene resa in modo perfetto dal (non-)tempo verbale *"infinito"*, che sospende ogni svolgersi in un fluire di istanti per congelare ogni embrione d'azione nella sua potenzialità.

Un esempio lodevole di questo fenomeno linguistico ci viene fornito della celebre poesia di Eugenio Montale[52] *Meriggiare pallido e assorto* (pubblicata nella celebre raccolta "Ossi di seppia"):

Meriggiare pallido e assorto
presso un rovente muro d'orto,
ascoltare tra i pruni e gli sterpi
schiocchi di merli, frusci di serpi.

Nelle crepe dei suolo o su la veccia
spiar le file di rosse formiche
ch'ora si rompono ed ora s'intrecciano
a sommo di minuscole biche.

---

[50] Considerando che il Verbo viene successivamente identificato con Dio, non è corretto parlare di s-velamento, in quanto ciò è già *ipso facto* avvenuto con la prima affermazione. Quello che invece avviene è un vero e proprio ri-velamento del concetto originario attraverso un processo exoterico che umanizza ciò che per definizione trascende l'umanità stessa.

[51] In questo contesto, non intendo assumere alcuna posizione mistico-teologica, pertanto mi limito ad analizzare il valore linguistico dei concetti sovra espressi senza compiere alcuna analisi di tipo ontologico.

[52] E. Montale, *Tutte le poesie*, Mondadori

Osservare tra frondi il palpitare
lontano di scaglie di mare
mentre si levano tremuli scricchi
di cicale dai calvi picchi.

E andando nel sole che abbaglia
sentire con triste meraviglia
com'è tutta la vita e il suo travaglio
in questo seguitare una muraglia
che ha in cima cocci aguzzi di bottiglia.

La poesia, che mirabilmente descrive un paesaggio ligure "congelato" nel tramontare d'un sole estivo, è strutturata in tre quartine *atemporalizzate* attraverso un uso costante dell'infinito e da una strofa terminale pentastica nella quale l'autore ha voluto determinare una dinamicità de-soggettivata attraverso la scelta "strategica" del gerundio.

Meriggiare, ascoltare, spiare, osservare, sono azioni fuori da ogni tempo umano, perché anche se è umano colui che le svolge o le percepisce, la non coniugazione crea uno stato di incertezza che si risolve soltanto nell'indeterminazione, in quel limbo primordiale ove, come diceva lo stesso Montale[53]: "...*vapora la vita quale essenza*..." e dove il tempo non è ancora giunto alla sorgente del fiume che lo dirigerà nell'oceano dell'umanità.

Ma scopo del poeta non era quello di restare in quel "prima" ove il tempo è solo una pre-forma; egli "vedeva" la scena, ascoltava i suoni che, in una successione, ora lenta ora veloce, si succedevano mentre il sole tramontava e, senza dubbio, si sentiva investito dal fluire del tempo e dalle sue inesorabili movenze di caducità.

L'inizio dell'ultima strofa è perciò un trionfo del dinamismo: non esiste più il soggetto, perché ogni essere cosciente è a(s)-soggettabile al

---

[53] *Ibidem*

ruolo di protagonista, ma l'infinito che aveva caratterizzato la descrizione di quella stasi esistenziale presente nella prima parte è adesso soppiantato da un prepotente gerundio, tempo verbale che nasconde in sé l'universalità dell'azione in un tempo che si dispiega non più per il solo poeta ma per ogni essere che ancora vive.

Il tempo è adesso accelerato, spinto in avanti oltre il limitare del giorno: non è il *meriggio* a contornare di "meravigliosa" angoscia ogni pensiero del poeta, ma l'inalienabile insuccesso nel sottrarsi ad un moto verso un sole sempre troppo distante, e per di più, a dover camminare lungo un viottolo d'estate inesorabilmente solo, perché la com-unione è forse possibile solo a costo di ferirsi sino quasi a morire. Analizzando, quindi, il componimento attraverso la scomposizione definita in precedenza, ciò che emerge in modo abbastanza chiaro è:

- Una descrizione del tempo fisico nel suo esplicarsi nel tramonto del sole e in parecchi fenomeni naturali osservati dal protagonista. Questo tempo è fortemente entropico: l'autore lo subisce senza poter far nulla per ridurne gli effetti; è la natura al di fuori dell'intenzionalità, quel non-luogo spazio-temporale ove nessuna possibilità volontaria può indurre un cambiamento.
- Un'azione umana che potrebbe essere (auspicabilmente) riconducibile ad un processo negentropico ma che, in questo caso, sembra precipitare nel vortice dell'entropia. "*...E andando nel sole che abbaglia...*", non lascia scampo: il tempo psicologico è anch'esso subìto e reso isomorfo al fluire inarrestabile del tempo fisico.

In realtà, la breve analisi appena svolta sembra conformarsi a quanto affermato nelle sezioni precedenti: vi è un tempo fisico che riguarda gli eventi esterni e la "biologia" del soggetto e un tempo psicologico che si esplica nelle azioni che (pro-)gettano il futuro di colui che si muove, solo, verso il tramontare del sole e della sua stessa esistenza. Tuttavia questa è solo un'illusione: il tempo percepito nelle pagine scritte non è né fisico, né tantomeno psicologico, poiché esiste in una forma non ancora "materializzata".

Ciò che si osserva è più propriamente un *tempo letterario,* ovvero una pre-formazione potenziale di ciò che, seppur preso a modello nella scrittura, forse *sarà,* ma sicuramente *non è* al momento della lettura. Comunemente si parla di "immortalare" le scene ma, come già detto, questa definizione è solo fuorviante poiché l'uomo è per se stesso immortale sino al momento in cui, morendo, smette di poter essere sia vivo che morto (in quanto *non-più*).

Pur tuttavia, l'idea di poter trascendere i limiti di una temporalità attraverso la scrittura non è assolutamente fantasiosa; nella storia sono stati molti i personaggi, primo fra tutti Foscolo, che hanno fatto di tutto per lasciare le loro "tracce visibili" affinché i posteri li ricordassero, ma resta sempre un enorme divario tra il ricordo (che è temporalmente squalificato come "passato") e il potenziale della creazione letteraria pura (che è intrinsecamente atemporale).

Non è molto utile, perciò, cercare di valutare il "tempo dello scrittore" attraverso l'analisi della sua produzione, perché facendo ciò si rischia di scambiare per attuale un'entità che si palesa solo attraverso un'inafferrabile potenzialità. Il tempo della letteratura è quindi essenzialmente potenziale e non si "incarna" mai in processi reali soggettivati.

In esso sono chiaramente riscontrabili sezioni riconducibili ad aspetti fenomenologici del tempo fisico, così come espressioni evidenti del suo corrispettivo psicologico, ma è come se tutto ciò avvenisse aprioristicamente, prima, cioè, che una qualsivoglia entità concreta detta "tempo" venga definita e quindi, automaticamente, "autorizzata" ad essere oggetto di osservazione (attivo o passivo) e di indagine scientifica e psicologica.

Cosa si può quindi concludere riguardo al testo poetico sopra citato? E' davvero corretto parlare di un tempo fisico preponderante e di un tempo psicologico che l'autore subordina agli eventi a cui assiste, impassibile ed inerme come i sassi e le foglie degli alberi?

Ciò a cui assistiamo, leggendo e rileggendo la poesia, non è uno svolgersi: è illusorio e fallace pensare che l'episodio che ha ispirato il componimento poetico, poggi le sue basi su un'attualità che si ripete di volta in volta; se così fosse, infatti, il tempo smetterebbe di avere la sua naturale valenza di *fluente* per giungere ad uno stato di "fiera in cattività", soggiogata da un padrone decisamente più forte.

Ma né il tempo fisico, né quello psicologico sono oggetti sotto-mano, il primo per ovvie ragioni di dominio, e il secondo, perché seppur caratterizzante un aspetto dell'intenzionalità umana, è sempre co-stretto in un esplicarsi che, per sua stessa costituzione, non potrà mai s-vincolarsi dalle condizioni che lo rendono, prima di tutto, "tempo".

L'artificio letterario, nella sua straordinarietà, sembra rincorrere questo essere attraverso le innumerevoli sue manifestazioni, così come il collezionista di farfalle cerca di catturare il *proto-tipo* "farfalla" raccogliendo sempre nuovi esemplari.

Quello che riesce a catturare è invece il senso più profondo dell'atemporalità o, a seconda dei punti di vista, della realtà pre-temporale, quando cioè l'eterno, l'attimo e lo svolgersi potevano essere osservati immobili, sulla punta di uno spillo. Mille occhi posati su di essi non li facevano invecchiare d'un secondo, perché l'essenza della loro manifestazione non era ancora de-scritta, tracciata nella sabbia o scolpita nella pietra, dal potere creatore del *logos* originario. Un potere che la letteratura cerca di conseguire ma che sfugge nell'attuazione stessa del processo linguistico: la parola rimane congelata, immobile in quel limbo dove il tempo osserva i suoi oggetti di ludibrio come pesci colorati dietro il vetro d'un acquario.

Le azioni "letterarie" si consumano nel loro sfuggire ad ogni degenerazione, ma nel fare ciò si (auto-)privano della vita intesa come apertura al mondo: la letteratura, come un feto sotto-spirito, parla di tempi eternamente potenziali che nessun uomo, né idea, né esterna volontà potranno mai rendere attuali. Ed è proprio questa inattuabilità, questo essere plasma per qualsiasi statua o paesaggio, a rendere il tempo letterario così affascinante; scrivendo del passato o del futuro, leggendo di eroi antichi o di viaggi interstellari, nessuna dipendenza temporale viene messa in atto, nessun "attimo fuggente" deve essere colto nel suo tempo, a meno di non rischiare la perdita di un'irripetibile opportunità.

Nella letteratura, così come nel cinema, la ripetibilità, condizione necessaria per l'esistenza stessa dell'opera, viene adornata di tutti i fregi del tempo reale, posta perfino in uno spazio-tempo storico e "osservata" internamente da personaggi sepolti in veri cimiteri: tutto ciò permette al tempo letterario di assumere le sembianze di tempo fisico e ai personaggi di pensare all'interno del loro tempo psicologico; istanze, sia le prime che le seconde, che, seppur così apparentemente vicine, vivono e si manifestano in quel non-luogo del "principio" che, nel caso dell'uomo, rimane purtroppo eternamente disincarnato.

Questo riscontro così forte di una proiezione del tempo umano (sia fisico che psicologico) nella letteratura non deve tuttavia stupire, visto che la letteratura, da sempre, ha consentito all'essere umano riflessivo di ri-vedere egli stesso in ciò che trasformava letterariamente e costantemente da meramente attuale a magicamente potenziale (anche se passato o mai esistito).

Come scrive Sciascia[54] riferendosi ad un personaggio immaginario non molto avvezzo alla produzione letteraria:

> Ma curiosamente, il fatto di dover scrivere delle cose che vedeva, la preoccupazione, l'angoscia quasi, dava alla sua mente una capacità di selezione, di scelta, di essenzialità per cui sensato ed acuto finiva con l'essere quel che poi nella rete dello scrivere restava.

L'atto dello scrivere in sé è di fatto un processo entropico che consuma non poca energia per l'elaborazione mentale dei contenuti da formalizzare nello scritto, ma l'azione di contrasto esercitata dalla "creazione" dell'oggetto da trasformare in prodotto letterario ha (normalmente) un carattere fortemente negentropico. Un processo che tuttavia, pur investendo notevoli risorse, muore irreversibilmente nel momento in cui l'opera è ultimata e l'autore la osserva nella sua stasi atemporale.

Se, infatti, sino a quel momento la pro-gettualità definiva aprioristicamente gli effetti che la freccia negentropica avrebbe pian piano indotto attuando le necessarie cause, al momento del completamento, lo scritto, qualunque sia la sua forma, è *cronostatico* e dovrà (o, più propriamente, potrà) semmai servire per aiutare, *in primis* lo scrittore, e in seguito tutti i suoi lettori a trovare quegli spunti utili ad attuare con più solerzia e decisione tutti i processi negentropici utile a "contrastare" il fluire inarrestabile e cieco del tempo fisico.

---

[54] L. Sciascia, *Una storia semplice*, Adelphi

6. Il tempo che non è più (ovvero, l'ineluttabile impossibilità temporale della morte)

Esiste una particolare condizione nel dominio del tempo fisico attraverso la quale l'uomo ha tratto una conclusione soggettiva a partire da un'osservazione oggettiva. Un risultato che, lungi dall'apparire antropocentrico e prettamente illusorio, dischiude tuttavia uno dei maggiori atti "d'arroganza" che il genere umano ha perpetrato nei confronti della persona.

Osservare il fluire del tempo fisico negli organismi viventi è prassi delle scienze fisico-naturali: la cavia, deprivata di ogni (improbabile) egoicità, porta avanti la sua vita all'interno di un laboratorio, viene nutrita, forse anche si riproduce, i suoi parametri vitali sono registrati e analizzati, finché, in modo più o meno improvviso, in un dato momento, muore. In realtà, sarebbe molto più corretto dire che, secondo quanto la biologia ha convenzionalmente stabilito, alcune funzioni biologiche vengono meno e ciò, in modo abbastanza razionale, viene associato al termine del percorso di degrado segnato dalla freccia del tempo. L'animale ha raggiunto il suo equilibrio termodinamico e non è più in grado di attuare quei processi metabolici (e mentali) che gli permettevano di contrastare l'incessante aumento di entropia.

Non credo che esista una realtà dell'essere più oggettivata della morte e, d'altro canto, non credo neanche che la scienza, nella sua estrema perentorietà, si riuscita, seppur mantenendo una prospettiva *in-autentica*, a definire con precisione esatta, prima di tutto, se esiste un istante che separa due stati ben precisi e mai intersecabili, e secondo, se tale istante (qualora dovesse essere positiva la prima risposta), appartenga al primo o al secondo stato.

Ammettere, infatti, che il primo istante temporale sia extra-vitale e, contemporaneamente, extra-mortale, significherebbe assumere una transizione in un tempo che si sottrae al dominio fisico e, chiaramente, anche a quello psicologico. Ciò costringerebbe a far precipitare le teorie scientifiche nello spiritualismo e, pertanto, attraverso la loro opera razional-pragmatica, esse stesse si scaverebbero la fossa ove auto-seppellire i loro sforzi.

Da un altro punto di vista, mantenere inevasi questi interrogativi, implica la conferma che l'oggetto in esame si sottragga *ipso facto* all'oggettività, condizione, questa, che, come già detto, è l'unica con la quale è stato possibile condurre un'osservazione fenomenica.

La morte pone l'uomo in un *cul-de-sac*: i suoi occhi, capaci di vedere un evanescente "innanzi" si chiudono nel buio di quell'unica realtà ove la loro opera è veramente in-dispensabile.

L'uomo è infatti cosciente dello scorrere del tempo fisico, percepisce, seppur con una risoluzione non finissima, il suo invecchiare e concepisce una possibilità teorica (o, praticamente *"in-autentica"*) di giungere di fronte all'ineluttabile; ma questa singolarità del flusso continuo è talmente avulsa dalla sua quotidianità da renderlo incapace di figurarsi se stesso nella morire e nella morte.

E' come se il tempo fisico potesse continuare ad aumentare riducendo sempre più la sua variazione, facendo così avvicinare l'essere alla sua fine in modo effettivamente asintotico, sino al sopraggiungere di un evento esterno di natura *impulsiva* in grado di spezzare questa logica degenerativa e lasciar quindi precipitare l'uomo al suo destino. Come scriveva Heidegger[55], infatti:

> La vicinanza prossimale dell'essere-alla-morte in quanto possibilità è quanto di più lontano vi sia da qualcosa di effettuale.

---

[55] *Ibidem*

Ma se il tempo fisico è, perlomeno teoricamente, proteso verso la realizzazione di questo stato extra-umano, cosa si può dire del tempo psicologico? E' anch'esso un'inerme vittima di una realtà che trascende ogni forma di com-prensione attraverso gli strumenti della ragione?

Le caratteristiche dei processi negentropici hanno permesso di classificare quest'ultimi nella categoria degli eventi che incrementano l'ordine interno dei sistemi e, limitatamente a determinati aspetti, li allontanano dall'equilibrio termodinamico; ciò è vero da un punto di vista biologico, in quanto il metabolismo riesce a mantenere in vita (e in buone condizioni psico-fisiche) un individuo distruggendo (o degenerando) l'equilibrio che gli proviene dall'esterno e "carpendone" l'entropia negativa, elemento che, come abbiamo visto, utilizza per incrementare la strutturazione ordinata del sistema di sua pertinenza.

Ma i processi mentali negentropici hanno la funzione di consentire alla persona di non subire passivamente il tempo fisico, ma piuttosto di renderlo un *continuum* capace di determinare la significazione della maggior parte dei gesti e delle realtà della vita quotidiana. Ciò è reso possibile della capacità di precorrere i risultati situati in avanti nel tempo (fisico) e, tornando all'analogia con la freccia del tempo termodinamica, di far sì che le loro cause si "avvicinino" agli effetti desiderati (ciò sarà meglio chiarito nella prossima sezione). Ma come è possibile tutto ciò in relazione al fenomeno della morte?

Nessun uomo è in grado di pensare al fenomeno della sua morte, se non nel suo esplicarsi all'interno di un contesto basato su analogie: usando la terminologia di Heidegger (che tuttavia non riesce, in questo caso, a definire in modo decisivo quanto si era proposto), *si* muore non perché il nostro essere è consapevole della sua caducità ma piuttosto perché i nostri simili muoiono.

Ma, ancora una volta, non sono enti definiti a trovarsi a morire (non è, ad esempio, un determinato e preciso mio amico) perché non vi è alcuna intenzionalità nell'atto del morire e quindi è intrinsecamente sbagliato formulare qualsivoglia frase in modo attivo. X non muore, X si avvicina all'*essere-alla-morte*, X può perfino vivere in pieno l'ultimo istante che il tempo fisico gli concede, ma successivamente X non potrà più né decidere, né tantomeno porre in essere le sue intenzioni. Da ciò si deduce che X non muore, se non in un tempo all'interno del quale l'intenzionalità cosciente del soggetto viene sostituita *in toto* da una volontà superiore (nel senso di esterna al dominio dell'individuo) che decide la morte di X.

La critica che Sartre sollevò ad Heidegger sulla "possibilità" della morte è completamente fondata: la sequenza decisionale che dal passato si proietta in un futuro significato dal presente, perno attorno al quale l'atto intenzionale prende corpo e si dispiega, nella morte non potrà mai avvenire, proprio perché la sua definizione preclude una qualsiasi forma di futuro[56]. La conseguenza di ciò, come fa notare Galimberti[57], è la più completa ed autentica alienazione:

> Come quel futuro che più non mi consente di ri-assumere il passato per conferirgli senso, la morte è l'assurdo, è ciò che non rientra nell'orizzonte della mia libertà, per cui non può concludere la mia vita, ma può semplicemente porvi fine. Il suicidio non modifica la situazione, perché, se è vero che è un atto della mia vita, è altrettanto vero che è l'ultimo atto, che non lascia dopo di sé un avvenire che, riprendendo il passato, possa conferirgli significato. Se infine, come abbiamo visto, la vita del corpo è tutta nella sia possibilità di realizzare una presenza nel mondo, la morte, come distruzione di questa presenza, non

---

[56] In questa sede si sta cercando di mantenere un approccio fenomenologico e pertanto si escludono a priori (senza tuttavia svalutarle o cercare di confutarle) tutte le teorie di tipo mistico-teologico che assumono una continuità della vita terrena, o in una dimensione esistenziale sovra-umana, o attraverso un processo di reincarnazione.

[57] *Ibidem*

può essere una possibilità del corpo, ma come vuole Sartre, la definitiva *alienazione*.

La morte, quindi, come elemento "limite" posto nel tempo fisico e psicologico dell'individuo, perde ogni sua possibilità di fornire un significato al soggetto che vi si avvicina, al punto, apparentemente parossistico, di non essere più neanche un concetto da prendere in considerazione auto-fenomenologicamente.

Il "si muore" all'interno del quale Heidegger fece annegare l'autenticità di un gesto che, appunto, non "si" riesce mai a cogliere con le proprie mani, degenera presto in una formulazione intellettiva spezzata a metà. La consapevolezza, biologica ed esistenziale, della morte crea una condizione in negativo, un "non più", ma lascia, purtroppo, il compito di definire il soggetto e il predicato di una *proposizione di morte* ad un responsabile non identificato.

L'ipotesi più elementare è quella di assegnare al soggetto, la prima persona singolare (*io*) e di attendere che, questi, insignito di un ruolo completamente avulso dalla sua continuità percettiva, trovi il modo di predicare il suo *non-essere-più-io*. Per tentare di fare ciò, potrebbe perfino far ricorso al tempo psicologico, dicendo che la morte (così come stabilisce rigorosamente la termodinamica) è quello stato (situato nel tempo fisico) nel quale egli non avrà più la possibilità di attuare alcun processo negentropico e quindi la sua freccia del tempo psicologico avrà un modulo pari a zero.

La morte diventa pertanto un *tempo uni-laterale con chiusura a sinistra*: ovvero, sia che si consideri il dominio del tempo fisico, sia quello psicologico, ciò che è dato all'uomo è l'avvicinarsi al momento della morte ma mai di "viverlo" coscientemente. Da ciò, con grande "fatica intellettuale" se ne può dedurre che il soggetto del morire non esiste più a livello umano e che sarebbe molto più coerente parlare di una transustanziazione psicologica (e, parzialmente, anche fisica) nella quale l'essere-nel-mondo diviene in pieno *essere-nella-morte*. In tal senso, il famoso passo citato da Matteo (24, 42-44)[58] sul *"Vegliare per non essere sorpresi"* acquista un significato molto più chiaro:

Vegliate dunque, perché non sapete in quale giorno il Signore vostro verrà. Questo considerate: se il padrone di casa sapesse in quale ora della notte viene il ladro, veglierebbe e non si lascerebbe scassinare la casa. Perciò anche voi state pronti, perché nell'ora che non immaginate, il Figlio dell'uomo verrà.

Nel brano citato, non si tratta certamente di un'attesa *"cosciente"* (nel senso heideggeriano del termine), ma della constatazione che non vi è alcuna possibilità di conoscere ciò che si situa al di là del confine tra percezione (e quindi, intenzionalità) e nulla.

Vegliare non aiuta di certo ad evitare che il ladro giunga e, considerando le dovute differenze, a far sì che quest'ospite inatteso compia il suo lavoro. L'invito diventa un'indicazione per conservare la coscienza sino a quando ciò non sarà (senza altre specificazioni perché oltre l'istante limite non esiste più alcuna possibilità né di scelta, né tantomeno di valutazione), così come viene drammaticamente rappresentato dal rifiuto del fiele[59] al momento della crocifissione. L'enfasi posta sul *"non sapere"* trasforma il significato palese in un *"non potere"* e quindi rende del tutto inutile l'attesa finalizzata alla morte in sé.

La ri-significazione operata in chiave esistenziale avviene grazie all'introduzione del significante supremo che, nella cultura giudaico-cristiana, è Dio, creatore della vita e responsabile della sua

---

[58] *Ibidem*

[59] Il fiele non era normalmente costituito da bile, ma piuttosto si trattava di un composto a base di mirra il cui sapore era estremamente amaro (da cui il riferimento al fiele). L'azione analgesico-anestetizzante esercitata sui condannati, permetteva a questi di sopportare il supplizio in modo più "umano".

cessazione[60]. "Morire" diventa quindi il coronamento di un'attesa che, in quest'ottica ormai completamente teologica, esiste solo in funzione di una sua fine. Fine che, naturalmente, non si situa nel tempo fisico ma che conserva un infinitesimo frammento di tempo psicologico, quell'estremo pro-getto che, per il cristiano, è l'accettazione *in extremis* della sua redenzione. Tale scelta acquista senso e valore solo se operata quando ormai nessun'altra possibilità si para innanzi all'individuo e quindi l'unico processo in grado di ristabilire l'ordine "totale" è la scelta binaria di *"morire"* o di *"essere-morto"*.

Ma non è affatto indispensabile ricorrere alla teologia per comprendere la dinamica temporale del morire[61]: qualsiasi processo di vera individuazione del Sé necessita di una transizione normalmente caratterizzata da una decisione la cui consapevolezza può scaturire solo dalla piena coscienza dell'ineluttabilità.

---

[60] Ancora un volta, ci tengo a precisare che l'intento di questo saggio non è quello di appoggiare o confutare tesi mistico-teologiche, ma soltanto di far riferimento ad esse ogniqualvolta la trattazione le rende necessarie.

[61] Come precisa lo stesso Heidegger in Essere e tempo (*ibidem*):

> L'analisi ontologica dell'essere-alla fine non anticipa d'altra parte nessuna presa di posizione esistentiva rispetto alla morte. Se la morte viene determinata come "fine" dell'esserci, cioè dell'essere-nel-mondo, ciò non implica nessuna decisione ontica se, "dopo la morte", sia ancora possibile un altro essere, più alto o più basso, se l'esserci "continui a vivere" o magari, "durando oltre" se stesso, sia "immortale". Tanto sull'"aldilà" e la sua possibilità, quanto sull'"aldiqua", c'è onticamente ben poco da decidere, quasi che si dovessero offrire norme e regole "edificanti" circa il contegno riguardo alla morte. L'analisi della morte resta però puramente "al di qua", in quanto essa interpreta il fenomeno unicamente in vista di come esso, in quanto possibilità d'essere del rispettivo esserci, *si collochi in quest'ultimo*.

Concordo pienamente con Heidegger nel considerare l'essere-alla-morte il momento di maggior privilegio nel quale l'essere è completamente *aut-entico*, poiché in esso (e solo in esso) l'assenza di un futuro e l'*insignificabilità* del passato rendono l'estremo istante, l'unico durante il quale ogni atto è intrinsecamente "vero".

Tutti i riti iniziati ove il morire è posto come *conditio sine qua non* per poter rinascere ad una nuova esistenza basano la loro "potenza" psico-drammatica proprio sull'incedere impetuoso della scelta estrema che, sino al momento dello scontro con il trapasso, non sarà mai in grado di acquisire tutta la "verità" necessaria per *separare il grano dalla pula*. In tal senso, l'uomo, angosciato e distrutto nella sua apparente vitalità, trova nell'estremo superiore della sua vita, la completa chiave di significazione di ogni gesto e di ogni processo che lo ha inevitabilmente portato faccia a faccia con la morte.

Ovviamente affermando questo, non intendo affermare che i processi mentali negentropici siano solo un'illusione che viene indotta dall'avanzare inarrestabile della freccia del tempo termodinamica; lungi da me una simile disfatta!

Il compito primario dell'uomo è quello di realizzarsi, ovvero di realizzare il proprio sé e quindi, in ultima istanza, di creare continuamente ordine a partire dalla normale degenerazione che la natura non risparmia ad alcuna entità. L'attuazione di processi negentropici (sia metabolici che mentali) è uno strumento non soltanto indispensabile, ma soprattutto necessario per poter comprendere in modo sempre più pregnante il senso dell'essere prossimo all'essere-alla-morte. Prossimità che non riguarda coloro che sono comunemente definiti "moribondi" ma che si instaura nell'uomo al momento stesso della sua nascita, ovvero dell'acquisizione dello stato di *essere-in-vita*.

Ritornando in conclusione ai versi sapienziali del Qoélet[62], esiste certamente un "tempo per morire" ma sicuramente esso dismette ogni sua qualificazione quando l'impersonalità del "Si" heideggeriano[63] cerca di pensare inautenticamente ad un "tempo-per-essere-morti".

7. Processi mentali temporali entropici e negentropici nella vita quotidiana

Quanto discusso in precedenza potrebbe apparire fortemente teoretico e scoraggiare qualsiasi tentativo di applicazione pratica. Concetti come "entropia" e "negentropia", così come le diverse classificazioni del tempo, sono molto distanti dal vissuto quotidiano, un tessuto esistenziale, questo, che sembra "sorvolare" le varie elucubrazioni per giungere velocemente ad un'attuazione "priva di significanti".

"La vita non si scrive in brutta copia", diceva Isabel Allende[64] e, parafrasando questo eccellente esempio di sintesi esistenziale,

---

[62] *Ibidem*

[63] Riportando, a tal proposito, quanto scrive lo stesso Heidegger in *Essere e tempo* (*Ibidem*), è possibile comprendere il senso "alienante" del "Si" e, in rapporto a quanto affermato in questa sezione, la sua intrinseca impossibilità ad assolvere al compito di *personalizzare* la morte:

> Ce la passiamo e ci divertiamo come ci si diverte; leggiamo, vediamo, giudichiamo di letteratura e di arte come si vede e si giudica. Ci teniamo lontani dalla "gran massa" come ci si tiene lontani, troviamo "scandaloso" ciò che si trova scandaloso. Il Si, che non è un Esserci determinato, ma tutti (non però come somma), decreta il modo di essere della quotidianità.

[64] I. Allende, *Il piano infinito*, Feltrinelli

potremmo giungere alla conclusione che tutte le decisioni umane presentano un intrinseco carattere di irreversibilità. Una condizione, quest'ultima, che il tempo rende sempre più gravosa, sino a portare il soggetto di fronte all'ineluttabile e fargli, improvvisamente, realizzare, anche se per un solo infinitesimo istante, la sua *non-possibilità-oltre* e, quindi, il legame strettissimo che tiene insieme ogni frammento d'esistenza ad un tempo che non può che essere ormai evanescente.

La memoria inganna, ma così come un coltello, aiuta nelle situazioni comuni, la sua potenza è tale perché lo è anche nei confronti dei suoi detentori; non si ricorda ciò che gode di uno spirito vivo, ma solo ciò che la vita ha reso ormai non più idoneo al pro-getto, che ha trasformato in *materiale a-temporalizzato a posteriori,* ovvero, per usare il linguaggio fisico adottato in precedenza, in un *fu-ormai-in-equilibrio-irreversibile.* E questo equilibrio, questa apparente condizione di serenità, è il sugello della morte sull'attuale che, a differenza del tempo letterario dove non esiste una "storicità globale", nel suo realizzarsi scivola subito oltre la barriera della possibilità e lì rimane nell'eterno oblio.

Ricordare è infatti, o una condizione necessaria alla "sopravvivenza", o una cessione di energia a materia inerte che, se eccessivamente stimolata, può soltanto portare ad "un'inondazione" del presente (condizione depressiva) sino a rendere quest'ultimo solo una lunghissima spiaggia disseminata di pesci morti, dove il sole non batte e la luna accentua l'orrore dell'ineluttabilità.

E' purtroppo molto facile cadere preda dell'illusoria *heritage* di una temporalità dominata completamente dalle azioni dell'uomo, perché, come recita il Qoélet[65] (3, 9-11):

---

[65] *Ibidem*

Ho considerato l'occupazione che Dio ha dato agli uomini, perché si occupino in essa. Egli ha fatto bella ogni cosa a suo tempo, ma egli ha messo la nozione dell'eternità nel loro cuore, senza però che gli uomini possano capire l'opera compiuta da Dio dal principio alla fine.

La potenzialità spesso erompe nell'attuale, rendendo questo un non-luogo dorato ove ogni oggetto, come nella leggenda di Re Mida, può solo brillare e far godere la vista, ma non sarà mai in grado di soddisfare le altre necessità che caratterizzano la natura umana.

Pur tuttavia, come abbiamo visto in precedenza, l'accettazione della realtà materiale dell'uomo e della sua manifestazione nel fluire del tempo fisico, comporta anche la scoperta e la presa di coscienza di un'inarrestabile tendenza a contrastare attivamente questo moto vorticoso che incrementa il disordine e porta ogni sistema verso la sua definitiva inerzia finale.

Il realismo, così come ogni altra scuola di pensiero empirico-razionale, impone pertanto l'accettazione olistica del contesto umano, nella sua essenza materiale, così come in tutti quegli aspetti "spirituali" che trasformano, per usare la terminologia di Husserl[66], un essere dotato di un "semplice" *Körper* (meramente fisico) in un *Leib* (corpo organico che "integra" la materialità strutturale con una "spiritualità" che trascende la meccanica biologica). Infatti, come scrive Palumbieri[67],

L'interiorità ha come suo obiettivo naturale quello di manifestarsi nella corporeità. La prova è che non c'è moto interiore che non passi nella sfera esterna e non c'è manifestazione corporea che non sia assunta nella coscienza o nel sistema motivazionale dell'io, centro dell'interiorità.

---

[66] E. Husserl, *Meditazioni cartesiane*, Bompiani
[67] S. Palumbieri, *L'uomo come presenza relazionale*, Nuova Umanità XXVIII (2006/1) 163, pp. 55-73

E' quindi condizione indispensabile per mantenere l'integrità dell'individuo come persona, cercare di non tralasciare mai la strettissima relazione che sussiste tra l'evoluzione biologica del corpo (dominata da un tempo fisico che ci fa invecchiare e, degradando lo stato cellulare, ci porta progressivamente verso l'equilibrio e quindi la morte) e quella dell'anima che manifesta la sua perentoria presenza attraverso l'attuazione di un'intenzionalità che trascende la comune significazione di molti limiti. Condizioni, queste, che non vengono "eluse", perché ciò sarebbe solo un tentare l'ennesima lotta contro i mulini a vento, ma piuttosto "ri-modulate", ri-definite secondo una logica interpretativa che non soffoca sotto il peso immane di una materialità priva di scopo ma che, da essa e dalle sue molteplici sfaccettature, prende lo slancio per continuare a con-creare l'ambiente con il quale costantemente inter-agisce.

Per conseguire tale scopo, l'uomo è in grado di attuare processi mentali temporali negentropici al posto dei loro opposti (che, così come tutte le "vie larghe" si presentano più spontanei e meno faticosi) e, a tal proposito, analizzerò in questa sede la contrapposizione esistente tra due attività apparentemente molto simili ma che, di fatto, sono riconducibili, la prima al dominio dell'incremento entropico, e la seconda a quello negentropico. Si tratta dei concetti di: *ri-mandare* e quello di *pro-gettare*[68].

Ri-mandare significa letteralmente "mandare indietro", "respingere con l'auspicio – del tutto incerto – di una possibile accettazione futura"; nell'uso corrente, si rimanda un lavoro, un'attività più o meno

---

[68] L'utilizzo dei trattini per separare i prefissi è finalizzato ad enfatizzare il senso effettivo della parola in esame. Ciò, per quanto possa sembrare ridondante, mette in estrema evidenza l'etimologia del termine e ne svela alcune sfaccettature ormai "sommerse" nel suo uso comune.

piacevole, un impegno di qualsivoglia genere. Ma cosa accade realmente nei nostri processi mentali quando ri-mandiamo una possibilità che si sta attualizzando?

Come è ormai assodato, lo svolgersi dell'evento in oggetto richiede(rà) del tempo fisico, che si traduce in un invecchiamento dell'individuo e in un dispendio e un degrado energetico. La freccia del tempo è puntata verso il completamento dell'azione, stato, quest'ultimo, durante il quale si potrà fare "una somma dei costi" e rapportarla a quella dei benefici ottenuti. Ad ogni modo, indipendentemente da qualsiasi analisi, questo bilancio (fisico) è intrinsecamente sempre in perdita per le ragioni sopra descritte e l'uomo è costretto ad accettarlo come condizione necessaria per la sua sussistenza biologica nel macrocosmo in cui vive.

Nel dispiegarsi degli eventi, tuttavia, entra in gioco anche il processo mentale dove si manifesta in tutta la sua pienezza l'intenzionalità (positiva o, come in questo caso, negativa) del soggetto: l'azione è decisa, auspicabilmente "voluta", prima di essere attuata o procrastinata, e tutto ciò avviene in un dominio che esula dal mero tempo fisico per rifugiarsi completamente in quello psicologico.

Come è stato già accennato, quando programmiamo (termine momentaneamente neutro rispetto agli altri utilizzati) una qualsiasi azione, psicologicamente siamo guidati dal manifestarsi degli effetti in un futuro attualizzato, a partire dal quale è necessario predisporre il determinarsi delle cause necessarie al raggiungimento dello scopo desiderato. Il processo è di fatto inverso rispetto a quello meramente fisico, dove la causa è "ignara" degli effetti che produrrà e, proprio per l'assenza di intenzionalità, nessuna azione avviene con uno scopo che può differire da quanto è meccanicamente codificato nei processi naturali.

Nella realtà umana, invece, l'effetto è prefigurato e posto innanzi al soggetto prima di qualsiasi sequenza accessoria di attività: ciò garantisce che la volontà possa immediatamente avere un oggetto verso cui dirigere la propria energia indipendentemente dallo "sforzo" necessario per conseguirlo. L'azione, quindi, di ri-mandare, facendo riferimento alla sua più rigorosa etimologia, interviene nel momento in cui, sia nel tempo fisico che nel tempo psicologico, la causa prevista per il raggiungimento di un preciso effetto si sta (temporalmente) avvicinando all'effetto stesso ed è pertanto indispensabile un concreto intervento umano per attuare la "trasformazione" e garantire quindi il risultato desiderato (Figura 4).

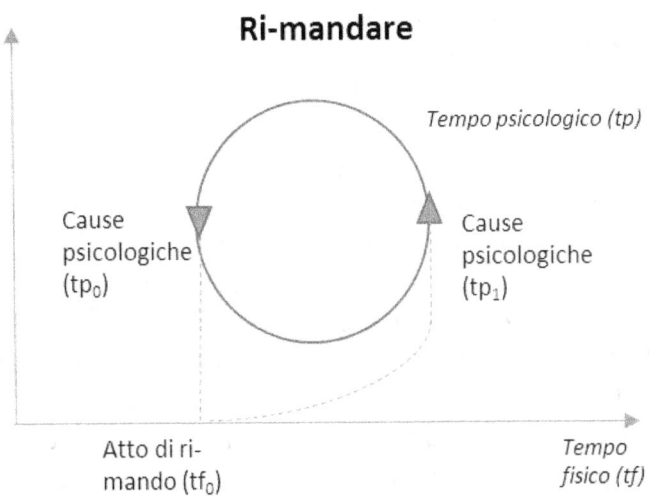

Ri-mandare

Tempo psicologico (tp)

Cause psicologiche (tp_0)

Cause psicologiche (tp_1)

Atto di ri-mando (tf_0)

Tempo fisico (tf)

Figura 4 - Rappresentazione schematica dell'atto del "Ri-mandare"

Se lo stato iniziale, prima cioè del rimando da parte del soggetto, era caratterizzato da una freccia del tempo psicologica invertita (processo negentropico) in quanto, per l'individuo, si stava manifestando un atto intenzionale finalizzato a con-creare il contesto di vita del soggetto stesso, dopo la scelta (da considerarsi "negativa" solo se non indotta da condizioni esterne particolarmente avverse) anche la freccia del tempo psicologico viene ad assumere il verso di quella fisica. Ciò avviene perché ri-mandando (ovvero mandando-indietro) il sopraggiungere delle cause, il soggetto, ha, per così dire, "preso a prestito" del tempo fisico per "riempire" lo spazio temporale psicologico, condizione, questa, resa possibile da un momentaneo adattamento del verso della freccia del tempo in modo da permettere il "travaso" di temporalità.

In termini meno tecnici, ri-mandare è un atto intenzionale che agisce in modo *contro-intenzionale*: ciò significa che la volontà proiettata sugli effetti deve essere depotenziata, scollegata e ricollegata in momento futuro non sempre ben definito. Il processo negentropico iniziato, come vedremo, con la fase di pro-getto, deve essere bruscamente interrotto e la negentropia "accumulata potenzialmente", non potendo trovare un'attualizzazione adeguata, deve necessariamente essere spesa per "pagare" il prestito di tempo fisico. Ciò che accade è quindi il manifestarsi di un'intenzionalità diretta a contrastare la sua normale azione attraverso una vera e propria "imitazione" del tempo fisico e dei suoi processi connaturati.

Ri-mandare un lavoro, ad esempio uscire di casa per comprare del cibo, presuppone una precedente programmazione e quindi un'intenzionalità finalizzata al raggiungimento di uno stato di maggior benessere per soddisfacimento di particolari necessità (scarsità di alimenti) o per godimento voluttuario (acquisto di una particolare pietanza). Nel momento in cui, per mancanza di "mordente", il soggetto decide di ri-mandare l'uscita (che è una delle cause necessarie alla manifestazione dell'effetto), il lavoro mentale svolto sino a quel momento e lo sforzo di contrasto esercitato per imporre la propria "superiorità" pragmatica al tempo fisico, vengono meno e l'individuo si ritrova, quindi, in esclusiva balìa della freccia del tempo termodinamica, con tutte le conseguenze che ciò comporta.

Egli (o ella) diverrà lentamente più anziano, l'energia acquisita verrà dissipata in processi metabolici basali (necessari alla sopravvivenza) e la sua volontà sarà stata debitamente mortificata e resa schiava di una pura materialità ove essa, abituata al governo, si troverà dominata da processi "naturalmente" in controtendenza rispetto alla sua essenza più genuina.

Ovviamente l'uomo vive in contesti sociale ove possono manifestarsi cause del tutto imprevedibili dal punto di vista del singolo individuo e spesso quest'ultimo si trova costretto "per forza maggiore" ad attuare azioni di ri-mando contro il suo stesso volere iniziale. Ciò non altera la struttura di quanto sopra descritto: il processo diventa, per forza di cose, entropico ma, a differenza di una "deliberata" decisione, in questi casi, resta viva la volontà di sopperire quanto prima all'incidente di percorso che ha costretto ad alterare i piani prestabiliti. Prima di procedere con l'altro esempio, tuttavia, desidero fare un doveroso appunto su un concetto appena introdotto: ho infatti scritto che il caso peggiore di ri-mando è la "deliberata decisione" e ciò, di primo acchito, potrebbe sembrare una contraddizione in termini, visto che ogni deliberazione della coscienza è di per sé un atto intenzionale. Ad ogni modo, non bisogna dimenticare (e ciò sarà più chiaro con il prossimo caso analizzato) che la volontà si dispiega sulla sua attuazione: in altre parole, la decisione di dirigere energia verso un effetto-obiettivo è *ipso facto* un processo che materializza il risultato, prima ad un livello potenziale, e poi, senza alcun ulteriore atto volontario, nella sua concreta *attualizzazione*.

Un atto volontario, quindi, può essere annullato o modificato attraverso un altro atto equivalente o superiore e pertanto la somma dei "costi" sarà sempre, indiscutibilmente, in perdita. Per questa ragione, anche se la decisione del ri-mando appare come un atto volontario, esso, a meno di non essere derivato da condizioni di forza maggiore, darà comunque avvio ad un processo che, per contrastare quanto già programmato, dovrà necessariamente essere di natura entropica.

A questo punto ci si potrebbe chiedere qual è la sorte di tutte le decisioni di cambiamento parziale, *in itinere*, che molto spesso sono prese per far fronte a situazioni contingenti che non richiedono una riprogrammazione ma che necessitano di specifici aggiustamenti. Ancora una volta, tutti i processi intenzionali che utilizzano la volontà per "annullare" decisioni già definite in forma potenziale, sono necessariamente entropici, seppur il loro effetto può essere ridotto rispetto ad un radicale cambio di rotta. Non sono da escludersi, tuttavia, casi nei quali le modificazioni attuate sono svolte in modo "conservativo" e, seppur modificando il "percorso" seguito per giungere al risultato, tali azioni agiscono senza la necessità di un'azione di annullamento o modifica dissipativa. Quest'ultimo caso, mutuato dalla fisica dei campi, non è tuttavia da intendersi nel senso comune: non è l'ambiente a determinare la natura delle forze in gioco, ma la scelta volontaria che viene posta in atto.

Una modifica intenzionale sarà quindi conservativa se manterrà lo stato finale e cercherà un percorso di micro-azioni volontarie, ciascuna delle quali rimane consistente con l'obiettivo iniziale; mentre sarà dissipativa se, per cause endogene (deprecabili in moltissimi casi) o esogene (forza maggiore), l'individuo è posto di fronte alla condizione indispensabile di attuare un "percorso intenzionale" con obiettivi parziali o totali che si discostano da quanto originariamente programmato (ancora una volta, è stato volontariamente scelto di non usare il verbo "pro-gettare").

Concludendo l'analisi di questo caso, possiamo affermare che l'uso della volontà intenzionale richiede, a fronte degli innumerevoli benefici che ne scaturiscono, il pagamento di un prezzo in termini di impegno che l'individuo prende primariamente con se stesso. Volere significa, innanzi tutto, essere certi del volere e impegnarsi nel mantenere questo stato mentale sino al completamento dell'attualizzazione degli oggetti-obiettivi. Qualsiasi variazione, a meno che non derivi da cause esterne la cui natura genera un'ingerenza "totale" nella sfera microcosmica dell'individuo (ad esempio, una malattia o un incidente che causa la totale perdita della coscienza), è da considerarsi un processo tendenzialmente entropico, che può essere mantenuto nel suo "aspetto" iniziale negentropico solo attraverso l'attuazione di comportamenti fortemente "calibrati" e, comunque, non sempre attuabili.

Arriviamo dunque al concetto normalmente negentropico del "pro-gettare". Per chiarire subito il punto di vista che verrà sviluppato in questa sede, definisco primariamente il senso che tale azione ricopre all'interno della teoria esposta: l'individuo *pro-getta* le cause che dovranno determinare (nello svolgersi del tempo fisico) gli effetti prefigurati. Come già affermato, quindi, nell'ambito del tempo psicologico, un processo mentale negentropico opera per inversione del principio di causa ed effetto, "sintetizzando", innanzi tutto, gli effetti desiderati e, a partire dalla loro formazione e caratterizzazione, preparando le cause che dovranno attuarli (Figura 5). Il pro-getto, chiaramente, avviene sempre in un senso cronologico di attuazione che non stravolge alcunché di fisico, ma è come se la realizzazione fosse già insita nell'atto stesso del *"gettare-avanti"*, in quel *logos* descrittivo che, cercando di trascendere i confini della sua potenza, precorre i tempi e vive già l'opera compiuta.

A tal proposito, Baudelaire[69] scriveva: *"E a che serve realizzare i progetti, se nel progetto c'è già abbastanza godimento?"*, volendo enfatizzare poeticamente quanto straordinario fosse già l'atto con-creativo del pro-gettare rispetto ad una sua mera realizzazione pratica

---

[69] C. Baudelaire, *Lo Spleen di Parigi*, Feltrinelli

(il cui valore non è chiaramente da intendersi *ipso facto* sminuito, ma semplicemente subordinato all'idea iniziale).

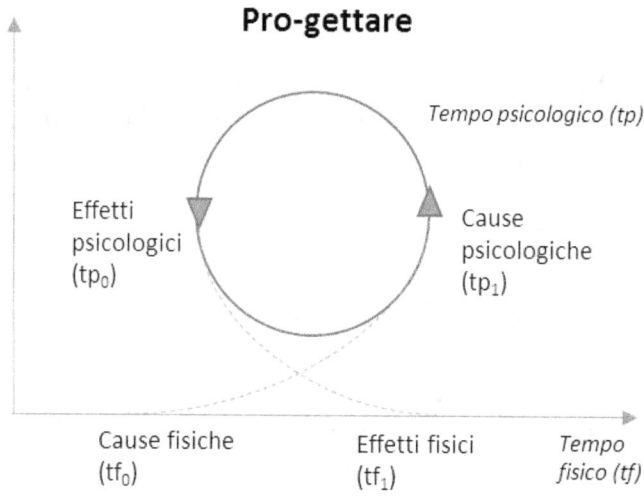

Pro-gettare

Tempo psicologico (tp)

Effetti psicologici (tp_0)

Cause psicologiche (tp_1)

Cause fisiche (tf_0)

Effetti fisici (tf_1)

Tempo fisico (tf)

Figura 5 - Rappresentazione schematica dell'atto del "Pro-gettare"

L'uomo, quindi, spinto dal fluire interiorizzato del tempo fisico, dal suo invecchiare e divenire sempre meno avvezzo ad interagire con la natura e con l'ambiente circostante, non può che "trovare rifugio" nella sua innata capacità, *non di pensare* al suo futuro (concetto alquanto "banale"), ma piuttosto di utilizzarlo pro-attivamente per dare un significato al suo presente. Presente che non è più il mero momento corrente, l'attimo in cui noi possiamo agire (come se l'azione fosse confinata ad un frangente che lo stesso Socrate considerò intrinsecamente effimero), ma il "luogo" privilegiato ove l'essere umano realizza la sua possibilità (seppur probabilistica) di poter estendere il suo volere oltre la barriera del proprio ristrettissimo orizzonte.

Alla luce di ciò, considerando le suddette premesse, la celebre frase di Orazio[70]: *"Carpe diem, quam minimum credula postero"*, diviene immediatamente l'emblema di uno stile di vita che, lungi dall'essere virtuoso, preclude all'essere ogni attuazione del suo naturale desiderio di pro-gettare la sua esistenza oltre i confini che il mero determinismo fisico impone.

Un tale approccio potrebbe acquisire un certa pregnanza di significato solo qualora si decidesse di vivere non più come persone, ma come animali inferiori, la cui razionalità assente (condizione comunque da appurare in modo approfondito) non permette di pre-figurarsi loro stessi in una continuità temporale. Vivere come se ogni istante fosse l'ultimo è, di conseguenza, un comportamento che, se attuato con congruenza e costanza, non può che essere considerato come il più deprecabile approccio ad una vita che naturalmente si dispiega, usando la terminologia di Heidegger[71], in un *avvenire-che-va-al-passato-venendo-al-presente*. La motivazione sottesa a questa mia così dura presa di posizione è correlata alla realizzazione cosciente che esiste un divario incolmabile tra il pensare la morte come futura possibilità e quella di pre-figurarla come incipiente nel prossimo istante della propria *vita-al-termine*. Pensare di poter attuare questo comportamento (senza attuarlo, ovviamente) causa un "disastro esistenziale" rendendo l'individuo cieco di fronte all'evidenza del suo persistere, e quindi molto più propenso a ri-mandare (senza nessuna previsione di realizzazione) che a pro-gettare.

Il pro-getto, infatti, è forza viva che l'uomo dispiega per determinare un ordine all'interno di un sistema avviato irreversibilmente verso il disfacimento; esso è sforzo, nel senso che richiede un dispiegamento

---

[70] Orazio, *Odi. Epodi. (a cura di L. Canali)*, Mondadori
[71] *Ibidem*

di risorse energetiche che, altrimenti, potrebbe continuare ad alimentare il terrore per il domani ignoto.

L'inondazione del passato che il depresso-malinconico sperimenta scaturisce proprio dall'incapacità (dovuta a cause endogene o esogene) di ridirigere il flusso di energia psichica verso obiettivi da pro-gettare, ovvero da "gettare" in un *avanti* che un tale soggetto percepisce e valuta invalicabile come il muro di una prigione. A tal proposito, scrive Borgna[72]:

> Sono diverse le cose quando la tristezza si fa tristezza psicotica: nucleo profondo e inconfondibile di una depressione (di una malinconia *clinica*). In questo caso i modi di vivere il tempo (l'esperienza soggettiva del tempo) si trasformano anche radicalmente. Il tempo *non* scorre più come prima, inciampa e si disaggrega: nel senso che delle tre dimensioni agostiniane, il futuro (l'avvenire) si indebolisce e può anche dissolversi e frantumarsi; e allora non c'è più speranza e non c'è più flusso vitale: fino a quando il tempo si ferma e si arresta; sprofondando nel passato: in quella voragine del passato che è la dimensione dominante di un tempo incrinato dalla tristezza psicotica: dalla depressione come forma clinica di sofferenza e di malattia.

In termini maggiormente "compatibili" con quanto descritto nelle sezioni relative al tempo fisico e psicologico, possiamo dire che il pro-gettare è un processo mentale negentropico, per cui i versi delle due frecce del tempo sono discordi. Il tempo fisico procede, come sempre, nella direzione (in senso di verso) di aumento dell'entropia del sistema e ciò implica che, indipendentemente dalle azioni dell'individuo, il suo status biologico non può che progredire verso il disfacimento; tuttavia, in questo caso, la freccia del tempo psicologico punta nel verso opposto e quindi indica un incremento, più o meno sostanziale, di negentropia che interviene nel contrasto degli effetti prodotti dall'aumento di disordine.

---

[72] *Ibidem*

Due questioni sono tuttavia di fondamentale importanza in questa trattazione: la prima riguarda la realizzazione dei progetti, mentre la seconda verte sulla stima della "forza" negentropica rispetto a quella entropica.

Da quanto appena detto potrebbe sembrare che la fase pro-gettuale sia di per sé l'unico elemento strettamente indispensabile per contrastare il mero fluire del tempo fisico, senza che una concreta attuazione debba necessariamente intervenire per concretizzare quanto precorso attraverso il processo mentale. E' palese, tuttavia, che ciò è quanto mai falso: la "trappola mentale" è insita nel fatto che convenzionalmente si tende a separare l'azione di pro-getto dalla sua attualizzazione, rendendo il primo un "semplice" esercizio teorico e lasciando l'intero sforzo al compito pratico che dovrebbe seguirne.

In realtà, in questa sede, l'accezione di "pro-getto" è correlata alla pro-iezione delle cause che devono determinare gli effetti e, come già precisato in precedenza, un tale atto volontario è già di per sé l'*incipit* del processo realizzativo del progetto stesso. Non è affatto sufficiente desiderare un risultato per attuare un processo negentropico: ciò sarebbe soltanto un illusorio momento di euforia che, data la sua natura, non potrebbe che aumentare il benessere momentaneo dell'individuo ma che, ben presto, rivelerebbe il vuoto che si staglia dietro alla sua apparenza. Paradossalmente (anche se solo in modo superficiale), questo atteggiamento perde la sua peculiarità di pro-gettazione per cadere in modo rovinoso nell'ambito del ri-mando applicato senza esitazione un istante dopo che le cause precorse, pronte ad "avvicinarsi" ai loro effetti, sono state concepite e "date alla luce" per puro errore o errata valutazione.

In tal senso, la fisica ci fornisce una lezione essenziale: il principio di cause ed effetto non è separabile. Ad una causa non può non seguire l'effetto se le condizioni non sono mutate; translitterando, quindi, seppur il tempo psicologico operi in modo "controcorrente", la predeterminazione degli effetti come punto di partenza, avvia un processo di pro-gettazione delle cause, le quali, senza esitazione alcuna, si muoveranno guidate dalla dinamica evolutiva che le avvicinerà sempre più agli effetti, "costringendo" l'individuo a potersi tirare indietro solo a costo di pagare tale rinuncia con un carico entropico almeno pari a quello che il processo negentropico avrebbe affievolito negli effetti.

Quindi questo, lungi dall'essere un invito alla "meditazione" sul progetto, è una vera e propria esortazione a considerare questi ultimi nella loro intrinseca tendenza all'attualizzazione e, a vederne tutte le forme di "teorizzazione" dei risultati solo come espedienti per mascherare scelte di ri-mando in pseudo-progetti ormai scevri di ogni potenzialità negentropica.

Per quanto riguarda il secondo punto, non è raro essere portati a pensare agli aspetti quantitativi dei processi mentali: se infatti si percepisce il fluire del tempo fisico rapportandolo ad una scala convenzionalmente stabilita, non è del tutto fuori luogo pensare di fare lo stesso con il tempo psicologico, soprattutto quando esso, per effetto dell'inversione della freccia evolutiva, manifesta effetti che contrastano il disordine indotto dall'aumento di entropia.

Purtroppo, al momento, né la scienza fisico-biologica, né tantomeno la psicologia sono in grado di stimare l'impatto "numerico" della negentropia, a meno di non lavorare in ambiti particolari (come i gas o i sistemi particolarmente strutturati) dove è possibile correlare il livello di ordine alla quantità di energia interna che il sistema possiede. Nel caso dell'uomo questo approccio potrebbe, anche se le difficoltà computazionali non sarebbe facilmente gestibili, essere applicato ai processi metabolici necessari per il suo sostentamento biologico, ma risulta impossibile farlo nel caso di processi mentali.

Non nascondo affatto che questa è certamente una debolezza della teoria: doversi limitare agli aspetti qualitativi e, in taluni casi, non essere neanche in grado di generalizzare facilmente alcuni risultati, non può che contribuire a rendere meno "scientifica" la psicologia, condizione, questa, che tuttavia ripaga la privazione con un maggiore avvicinamento al mondo reale della persona che, come scrive ancora Palumbieri[73]:

> [La persona, dunque,] è unità sentita dall'uomo come *sóma* vivente, come *lógos* pensante, come *èthos* progettante, come *mýthos* simboleggiante, come pathos sofferente, come *éros* amante. Sono aspetti plurimi e indissaldabili, testimoniati dal nucleo autocoscienziale, che riscopre la sua *in-dividualitas*, per l'appunto in-divisibilità.

Al fine di poter cogliere i diversi aspetti che, soltanto in modo apparente possono essere divisi, è pertanto indispensabile rinunciare al processo di "sezionamento" e studio *in-vitro* di frazioni strutturali o funzionali dell'uomo, per accettare in pieno un approccio, forse meno conforme alle regole auto-imposte dalle scienze naturali, ma sicuramente più vicino alle effettive necessità com-prensive che l'uomo, sempre più, esige dalla psicologia.

Non è quindi una rinuncia alla precisione, quella di scegliere un approccio qualitativo ispirato a formulazioni originarie della fisica, ma piuttosto una scelta deliberata di valutare il "quadro d'insieme" poiché esso, nella sua totalità, offre informazioni più utili rispetto a quelle che potrebbe essere fornite da un'analisi puntuale.

Un processo, d'altronde, quest'ultimo, adottato, anche se in forma estremamente rigorosa, anche dai fisici alle prese con sistemi multi-particellari per i quali sono state formulate e sperimentate leggi di tipo statistico. Una scelta più che motivata e assolutamente razionale, che tuttavia non può nascondere la lacuna conoscitiva legata al comportamento puntuale della singola particella. Ma, partendo dalla

---

[73] *Ibidem*

sensatissima considerazione, che l'uomo ha maggiore necessità di conoscere il gas inteso come insieme di particelle piuttosto che queste ultime prese singolarmente, l'approccio non trova soltanto una giustificazione teorica ma anche una valida motivazione per essere preferibile rispetto a qualsiasi altro.

Nel caso umano, questo ragionamento si traduce nella presa di coscienza che una scelta analitica che cercasse di scomporre l'unità essenziale della persona, non soltanto porterebbe a risultati incerti e di scarsa applicabilità, ma rischierebbe perfino di far cadere i ricercatori in un vortice di false convinzioni che potrebbero spingere gli animi verso un progressivo allontanamento dal vero obiettivo per perseguire uno scopo completamente deprivato del suo carattere di umanità.

Lungi dalla *forma mentis* dell'autore quello di invitare chiunque ad "accontentarsi", credo comunque che la spasmodica ricerca quantitativa nell'ambito di specifici processi mentali, se non gestita con le dovute cautele dalle neuroscienze e dalle scienze cognitive, diviene solo un ostacolo che, focalizzando l'attenzione su un punto intrinsecamente sfuggente, non permette di cogliere un insieme stabile e concreto che, ogni giorno, si pone non *innanzi-a-noi*, ma più propriamente *"a-noi"*.

8. Conclusioni

Lo scopo di questa trattazione non è stato quello di fornire una definizione universalmente accettabile di "tempo", né tantomeno di qualificare in modo esaustivo ogni suo aspetto fenomenologico.

Ciò che emerge dalle analisi e dalle riflessione, tuttavia, è che l'essere umano nella sua corporeità che sintetizza la sua intrinseca dualità (anima e materia), vive in un non-luogo caratterizzato anche da una dimensione la cui natura si conforma a quella che il senso quotidiano ha definito "tempo". Solo grazie al suo corpo organico vivente (*Leib*), l'uomo è messo nelle condizioni sia di subire il tempo fisico, così come ogni altro essere, che di esercitare la sua intenzionalità per contrastarne l'evoluzione spietata verso la morte. Come scrive Galimberti[74], infatti:

> Non c'è una causalità tra i momenti del tempo, né una sintesi che possa riunirli *dall'esterno* in un solo tempo, perché ognuno dei *tempora*, come dice Heidegger, non è uno *stato*, ma un'*e-stasi*, un continuo "fuori di sé" che, al di là di sé, è aperto agli altri *tempora*, in che sempre Heidegger chiama la "coesione di una vita" data con la sua e-stasi.

Ma ciò, per quanto possa apparire esaustivo per la vita quotidiana, pone già le basi del suo superamento nella scoperta, come d'una perla all'interno di una conchiglia, di un *tempo metafisico* che trascende il senso, sia disgiunto che congiunto, del tempo fisico e psicologico.

L'attuazione di processi mentali negentropici lascia infatti inevaso un essenziale interrogativo: perché? Perché è così importante progettare, attuare la propria volontà intenzionale, se comunque il dominio del tempo fisico non può essere superato e l'uomo è destinato a soccombere sotto il peso dei propri anni?

La risposta (parziale) a questa domanda ci viene dalla constatazione che il tempo, nelle sue fattezze che tanto si confanno alla corporeità materiale dell'uomo (*Körper*), attraverso l'azione della psiche progettante, prepara le basi per un suo intrinseco superamento. *Il progetto supremo dell'uomo è di fatto il superamento del tempo e la determinazione di cause sufficienti per far sì che gli effetti possano manifestarsi almeno in potenza durante il dispiegarsi dell'esistenza umana.*

---

[74] *Ibidem*

Dall'ipotesi kantiana dell'analogia tra successioni numeriche e tempo, l'uomo spicca il suo balzo verso una vetta dalla quale quest'infinita retta si contrae in un punto perfettamente adimensionale (seppur sempre concreto): tale obiettivo, che solo occhi avvezzi al buio più profondo possono intravedere, è la forza nascosta che anima ogni azione "razionalizzata" e ridotta ai comuni vincoli della quotidianità.

Se *in-dividuarsi* significa ricomporre quella divisione originaria che ha frazionato l'essere rendendolo schiavo di innumerevoli padroni, realizzare un tempo metafisico che nasce dalle ceneri del tempo stesso, che trova la sua vita nella *con-centrazione* di tutti quei raggi che, dipartendosi da ogni periferia, convergono e danno significato ad un punto che racchiude in sé la stasi e lo svolgersi di ogni tempo, passato, presente e futuro.

Il tempo psicologico è il precorritore universale che determina quel *continuum* che unifica la storia dell'individuo non nella permanenza strutturale di cui è già responsabile il tempo fisico, ma piuttosto in quell'auto-assunzione del ruolo di significante del fluire delle ore, dei giorni e degli anni.

Non è più l'intervallo tra due istanti a permettere il passaggio da uno stato ad un altro, ma piuttosto è la prefigurazione di una possibilità sempre più completa a "costringere" il tempo a piegarsi per rientrare negli spazi più o meno angusti che l'uomo riesce a riservargli. Ovviamente, ribadendo quanto già detto, l'estremizzazione di questa tendenza non può che portare alla genesi di un tempo metafisico che significa il processo di contrazione del tempo psicologico nel pro-getto delle cause che dovranno determinare gli effetti.

Questa apparente illogicità viene completamente abbattuta nel momento in cui, in ambito teorico o pseudo-empirico, si concepisce quell'*eterno presente* che condensa in sé l'essenza della storia biografica e della possibilità in quanto attuazione intenzionale di una volontà.

Eterno presente è la concretizzazione di un pro-getto ove la scelta e la decisione sono sempre contestuali al loro attuarsi, in quanto la consapevolezza di un tempo che invecchia è stata ormai soppiantata dalla certezza di un non-luogo potenziale ove tutto è già *qui ed "ora"*. Nessun misticismo, tuttavia, è nascosto in queste parole: la materialità dell'uomo non potrà mai essere evitata da qualsivoglia atteggiamento mentale, scelta che, anzi, porterebbe a far ricadere il pensiero in quella falla senza fondo che è la dualità cartesiana così inutilmente costruita solo per rendersi conto dell'intrinseca possibilità di attuarsi concretamente.

La vita di ogni uomo, nella sua quotidianità, nasconde la gemma della consapevolezza di poter vivere il tempo psicologico nella sua più completa pregnanza di significato. Attuare processi negentropici "costringe" l'individuo a far sì che la propria inalienabile volontà si spinga in avanti verso la realizzazione del proprio oggetto che, può transitare dallo stato di potenzialità germinale a quello di realtà compiuta (portando ordine nel sistema microcosmico dell'individuo), oppure morire prima di ogni possibile sviluppo, determinando quindi un frustrante e spesso gravoso spreco di risorse.

La com-prensione profonda di un principio di causa ed effetto invertito rispetto a quanto normalmente accade nei processi fisici "incoscienti", equivale all'implicita accettazione che il ruolo primario dell'intenzionalità non è certo quello di osservare così come lo scienziato fa con le sue cavie, ma di disporre affinché, nel dominio di un tempo psicologico flesso dalla *"forza intenzionale-volontaria"*, possano determinarsi cause ed effetti in una successione ove quest'ultimo ha sempre la responsabilità di attivare l'interesse e il dispiego di energie. *Volendo, l'uomo acquista il diritto a fare. Al contrario degli animali inferiori le cui risposte istintuali rimangono codificate rigidamente.*

Volere, nel senso più autentico del termine, è una precondizione logico-concettuale per una percezione negentropica del tempo e la sua attuazione, quale prerogativa dell'essere umano, mostra l'ambivalenza esistente tra il *decorso fisico*, tempo necessario e irriducibile affinché un processo possa aver luogo, e la concezione psicologica che, a partire da una pre-figurazione degli effetti e il conseguente pro-getto delle cause, è in grado, potenzialmente, di annullare la distanza temporale concretizzando il legame causa-effetto attraverso una flessione del tempo psicologico percepito. Ovviamente, come già ampiamente ripetuto, le restrizioni imposte dal tempo fisico rendono sempre non-nulla la distanza tra due istanti temporali definiti e quindi costringono il tempo psicologico ad auto-accettarsi in una sua "versione" limitata, seppur intrisa di quello spirito di trascendenza che, come nella mito della caverna di Platone, occhi sufficientemente avvezzi possono intravedere anche nelle piatte e sfocate ombre proiettate su una parete.

Chiudo questo scritto con alcuni versi che ho composto durante una sera estiva, un rappresentante di quei momenti durante i quali, più di una volta, ho lasciato vagare i miei pensieri per giungere a molte delle conclusioni presentate in questo saggio:

> É inutilmente perso
> l'attimo congelato sotto il sole d'agosto;
> non è appassito,
> perché soltanto i vivi sanno dell'oblio,
> e soltanto i vivi portano cadaveri di fiori,
> a concupire le gelide fattezze del silenzio.
>
> Il mio istante è sospeso nel fluttuare d'una bolla,
> soffiato sorridendo da un'imberbe volontà;
> e così, pingue d'afosi rimandi,
> è ogn'ora che si conta su immobili lancette.

96

E perfino io,
qui, nell'unica terrazza ancora vergine,
dondolo su un'implacabile altalena,
impazzita e tremolante come un pendolo
che, incupito, imita le smorfie
...
d'un cuore ormai accomiatato.

Note

Note

Note